KB202272

나는 왜 나를
가짜라고 생각할까

나는 왜 나를 가짜라고 생각할까

산디 만 지음
이재경 옮김

반니

차례

들어가는 글   7

1장   사기꾼증후군이란?   11

2장   무엇이 우리를 사기꾼으로 만드는가? ●○ 사회의 역할   65

3장   직장의 여자들 ●○ 증후군의 탄생   89

4장   남자 사기꾼 ●○ 남모르는 자괴감   115

5장   사회성 사기꾼 ●○ 직장 너머의 증후군   155

6장   부모 사기꾼 ●○ 완벽한 엄마/아빠라는 가면   185

7장   십대/학생 사기꾼 ●○ 성적 압박과 사회성 압박   209

나가는 글   233

주   237

찾아보기   253

들어가는 글

사기꾼증후군Imposter Syndrome, IS. 가면증후군이라고도 알려진 이 말은 자신은 남들이 생각하는 만큼 뛰어나지 않으며 따라서 자신이 주변을 속이며 산다고 믿는 불안 심리를 말한다. 심리학과 대학원생 시절에 이 용어를 처음 접했을 때 나는 몹시 뜨끔했다. 내 속마음을 들킨 기분이었다. 이 용어는 정확히 나를 가리키고 있었다. 그런데 알고 보니 내 동료들도 대부분 같은 생각이었다. 너나없이 이 말이 자신의 상태를 꼬집어 말한다고 느꼈다. 주변 지인들도 마찬가지였다. 정말 우리 모두가 사기꾼증후군을 앓고 있는 걸까? 충분히 가능한 얘기다. 우리 중 70% 이상이 평생 한 번 이상 이 증후군을 경험한다는 연구 결과도 있다.[1] 내 안의 사기꾼을 느낀 순간은 자기발견을 위한 젊은 날의 여정에서 맛본 쓸쓸한 자기인식의 순간이었다. 하지만 심리학자로서 커리어를 막 시작하던 무렵에는 이 증후군에 대해 간간이 동하는 흥미 이상의 관심은 두지 않았다.

그리고 20년이 지나는 사이, 사기꾼증후군은 내게 아주 중요한 개념이 됐다. 이 증후군이 이런저런 모습을 하고 내 상담클리닉에 점점 더 많이 나타나기 시작했다. 이 증후군의 증상을 보이는 사람들은 대개 겉보기에는 성공한 사람들이다. 남자도 있고 여자도 있다. 십대 청소년도 심심찮게 찾아온다. 이들은 자신만이 이런 증상에 시달린다고 생각한다.

사기꾼증후군이 전염병처럼 번지고 있다. 이 책은 이 현상이 빠르게 늘고 있는 이유를 여러 면에서 파헤친다. 소셜미디어의 약진과 학교 시험의 증가도 그 이유에 포함된다. 한때 사기꾼증후군은 성공가도를 달리는 야심만만한 출세주의자들의 병으로 통했지만, 이제 더는 이들만 겪는 증상이 아니다. 나는 상담클리닉에서 다양한 유형의 사기꾼증후군을 만난다. 자신이 부모 노릇을 제대로 하지 못한다고 여기는 엄마, 자신이 '남자답지' 못하다고 느끼는 아빠, 인기가 없어서 고민인 친구. 심지어 신앙심이 부족해 면목이 없다는 사람도 있다.

사기꾼증후군은 지금 하는 일을 제대로 이어가는 데 해가 될 뿐 아니라 자신감과 자존감에 굉장히 큰 타격을 준다. 사기꾼증후군을 다루는 첫 단계는 그것을 인정하고 이해하는 것이다. 그리고 문제를 일으키는 요인들을 찾아내야 한다. 이것이 내가 이 책을 쓴 목적이고, 우리 각자가 최선의 대응 전략을 찾는 유일한 방법이기도 하다. 이 책 전반에서 다양하고 유용한 대처법을 제시할 생각이다.

이 책은 누구에게 필요할까?

- 일과 직업, 가정, 인간관계에서 사기꾼증후군을 겪고 있다고 생각하는 사람
- 배우자, 연인, 가족, 친구, 또는 자녀가 사기꾼증후군을 겪고 있다고 생각하는 사람
- 자녀가 사기꾼증후군에 걸릴 가능성을 최소화하고 싶은 부모
- 사기꾼증후군에 관심 있는 모든 사람

이 책에서 무엇을 얻을 수 있을까?

사기꾼증후군에 대한 정보, 자가진단 테스트, 대처방법을 통해 자신(또는 가까운 사람)이 사기꾼증후군에 해당하는지, 그렇다면 어떻게 대응해야 하는지 알 수 있다. 이 책을 읽는 잠재 사기꾼증후군 환자가 직장과 가정과 일상에서 자기 능력에 대한 자신감을 회복하고, 무엇보다 사기꾼증후군을 겪는 사람이 나 혼자가 아니며 충분히 극복할 수 있음을 깨닫는 것, 그것이 이 책의 목적이다.

이 책의 사용법

1장과 2장은 모두가 꼭 읽어야 할 부분이다. 사기꾼증후군이 무엇인지 설명하고, 그것이 우리 사회에 널리 퍼진 이유를 분석하고, 어떤 유형들이 있는지 소개한다. 또한 자신이 사기꾼증후군

에 해당하는지 가늠할 자가진단 테스트들을 제공한다. 3장부터 7장까지는 사회적 집단과 사회적 상황에 맞춰 사기꾼증후군을 분류해 조금 더 깊이 파헤친다. 각 상황을 대표하는 집단에 맞춰 장을 나누어 놓았지만, 어느 장의 내용이든 모든 독자에게 유용하다. 마지막 장에서는 앞서 알게 된 내용을 종합하고, 그것을 삶에 유용하도록 접목할 통찰을 제공한다.

모든 장에 실제 사기꾼증후군 사례를 담은 케이스 스터디들이 있다. 이 사례들을 꼭 읽어보기 바란다. 사기꾼증후군이 우리 사회 각계각층에서 일어난다는 것을 알 수 있다. 자기회의에 시달리는 사람들이 자신의 문제를 인지하는 데 도움이 됐으면 한다. 문제를 바로 보는 것이 자기회의를 자신감으로 바꾸는 첫걸음이다.

3장부터 7장에는 끝머리에 사기꾼증후군에 대처하고 자신감을 키우는 요령과 전략을 준비했다. 그중 일부는 해당 장에서 다루는 집단에 특화한 것이지만 대개는 모두에게 적용할 수 있다. 빼놓지 않고 읽어가며 이 책을 최대한 활용했으면 한다.

1장

사기꾼증후군이란?

내 상담클리닉을 찾은 제시는 어느 모로 보나 잘나가는 여성이었다. 딱 떨어지는 정장과 그에 못지않게 날렵한 헤어컷을 뽐내며 흠잡을 데 없는 모습으로 들어선 그녀는 땀구멍 하나하나에서마저 성공의 아우라를 뿜어냈다. 42세인 제시는 글로벌기업의 중역이었고, 고액 연봉과 보너스, 고급 자동차 등 출세를 상징하는 모든 것을 갖추고 있었다.

그런데 이런 분이 상담클리닉에는 무슨 일일까? 제시의 모습은 상담용 안락의자에 파묻혀 자신의 문제를 설명하기 시작하면서 180도 바뀌었다. 어깨가 축 처지고 목소리가 흔들렸다. 그녀는 말을 하면서 무릎을 떨고 손가락을 비틀었다. 처음 마주했을 때의 당당하던 태도는 내 눈앞에서 허물어져 내렸다. 그녀는 모든 것이 가짜라고 '고백'했다. 제시의 설명은 이러했다. 자신의 성공은 순전히 운이 좋았던 결과이며, 남들이 자신을 과대평가하는 것일 뿐 사실 자신은 무능하다. 오랫동안 용케 동료와 상사의 눈을 속여왔지만 자신의 무능이 들통 날 날이 멀지 않았다. 그녀는 모든 것을 잃을 준비가 돼 있었다. 그런데 가장 큰 문제는 그게 아니었다. 더 큰 문제는 더는 '가짜'로 사는 것을 견딜수 없다는 것이었다. 그녀는 정체가 발각되기 전에 미리 직장을 그만두고 자기의 진짜 능력에 더 맞는 일을 찾는 게 마땅하다고 여겼다. 그건 지금보다 연봉도 보너스도 줄어든다는 뜻이었다. 하지만 적어도 자신에게 정직해질 수는 있었다.

자, 사기꾼증후군이 무엇인지 본격적으로 알아보자. 여기는 사회 각계각층의 성공한 사람들이 남몰래 모여 사는 은밀한 세계다. 이들에겐 한 가지 공통점이 있다. 이들은 자신이 사실은 그다지 유능하지 않다고 믿는다. 이들은 남녀노소를 망라한다. 심지어 누구나 인정하는 재능과 성공을 보여주는 유명인사도 예외는 아니다(24~26쪽 유명한 사기꾼들 참고). 사기꾼증후군이 직장에만 있는 건 아니다. 나는 본인이 좋은 부모, 남편, 아내, 친구가 아니라고 생각하는, 심지어 자신에게 인간 자격이 없다고 생각하는 '사기꾼들'을 많이 만났다. 모두 사기꾼증후군의 변종이다. 세상에는 각종 사기꾼들이 다 있다. 특히 자신이 사기꾼이라는 굳은 확신을 뒷받침할 객관적 근거가 희박할 때는 열이면 열이 이 증후군이다.

이번 장에서는 사기꾼증후군의 증상들을 짚어보고, 혹시 내경우도 사기꾼증후군인지 알아본다. 만약 그렇다면 내 상황은 어느 유형에 해당할까?

먼저, 사기꾼증후군이란?

● ○

'사기꾼증후군' 또는 '사기꾼 현상'은 1978년 임상심리학자 폴린 R. 클랜스Pauline R. Clance와 수잰 A. 임스Suzanne A. Imes가 〈성공한 여성들에게 나타나는 사기꾼 현상: 그 정신역학과 치료법〉이라는 논문에서 처음 사용한 용어다.[1]

클랜스와 임스는 이 질환을 일부 성취도 높은 여성들에게서 나타나는, '자신이 지적 사기를 치고 있다는 내적 경험'으로 묘사했다. 두 학자는 이 논문에서 표본 집단(여성 150명)을 이렇게 설명했다. "정당하게 얻은 학위, 학업 성과, 높은 시험 성적, 동료들과 그 방면 권위자들에게 인정받은 업무 능력에도 불구하고 (…) [이들은] 내적 성취감을 느끼지 못한다. 이들은 스스로를 '사기꾼'으로 여긴다." 두 학자에 따르면 이 여성들은 자신이 단지 선발과정상의 착오나 남들의 과대평가 같은 외부 요인이 개입해 성공하게 됐다고 믿는다.

클랜스와 임스는 사기꾼증후군을 정의하는 특징으로 다음 세 가지를 들었다.

1. 남들이 자신의 능력이나 기량을 과대평가한다는 믿음.
2. 자신이 가짜로 들통 날 것이라는 공포.
3. 성공의 원인을 운이나 노력 같은 외부 요인으로 넘기는 경향.

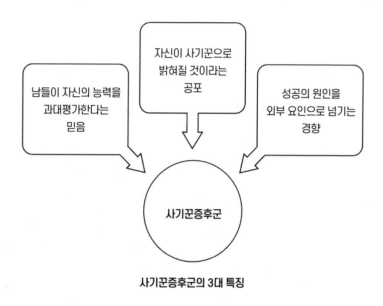

자신이 사기꾼으로
밝혀질 것이라는
공포

남들이 자신의 능력을
과대평가한다는
믿음

성공의 원인을
외부 요인으로 넘기는
경향

사기꾼증후군

사기꾼증후군의 3대 특징

누가 잘 걸릴까?

● ○

이처럼 1970년대에 사기꾼의 세계가 처음으로 연구 대상이 된
이래로 학계는 이 질환이 여성뿐 아니라 남성에게서도 비슷하
게 나타난다는 것을 알았다(4장 117쪽 참고). 이 용어의 창안자들
도 나중에는 이를 '사기꾼 경험'으로 부르는 게 좋겠다고 했다.
'질환'이나 '증후군'은 정신병을 떠올리게 하기 때문이다. 사실
사기꾼 경험은 병이라고 하기에는 너무 흔하게 일어난다. 그래
서 클랜스 박사는 이를 두고 '거의 모두가 경험하는 것'이라고

딱 잘라 말했을 정도다.[2]

들어가는 글에서 언급했다시피, 비록 성공한 사람들 사이에서 더 빈번하게 일어나기는 해도 우리 중 70%가 이 현상을 평생한 번 이상 겪는다는 연구 결과가 있다. 학계는 사기꾼증후군을 '질환'이 아닌 '경험'으로 분류하는 문제를 여전히 논의 중이다. 다만 정신건강 전문가들이 정신병의 발견, 분류, 진단 매뉴얼로 쓰는 〈정신질환의 진단 및 통계 편람 제5판Diagnostic and Statistical Manuel of Mental Disorder, DSM-5〉은 사기꾼증후군을 정신병이나 정신질환으로 분류하지 않는다. 다시 말해 사기꾼증후군을 경험한다고 해서 정신적으로 병든 것은 아니라는 뜻이다. 병은커녕, 시점만 다를 뿐이지 사기꾼증후군을 겪는 사람이 워낙 많아서 거의 정상으로 통할 정도다.

그렇지만 사람들을 사기꾼 경험에 빠져들게 만드는 유발 요인들은 존재한다. 그 계기들은 주로 인생의 과도기에 일어난다. 그중 가장 흔한 세 가지는 다음과 같다. 이해를 돕기 위해 각각의 설명에 케이스 스터디를 함께 실었다.

특정 분야에 처음 들어설 때

학위나 자격증을 따거나 시험에 합격하는 경우처럼 선택한 분야에서 합법적으로 일할 수 있는 자격을 처음 얻는 때를 말한다.

케이스 스터디

아이샤는 최근에 의사 자격을 취득했다. 그런데 병원 근무를 시작한 이후 줄곧 자기회의에 시달렸다. 아주 엄격한 평가 절차를 거쳤는데도 그녀는 자신이 의과대학에 요행으로 붙었다고 생각한다. 수련의 시절 내내 자신이 다른 학생들보다 못하다는 열등감을 느꼈다. 그녀에 비하면 다른 학생들은 너무나 자신 있고 '야무져' 보였다. 막상 의사 자격을 얻자 자신감은 더 바닥을 쳤다. 자기 능력으로는 턱도 없는 곳에 들어온 기분이었다. 입고 있는 의사 가운은 허위의 상징이었다. 그녀는 자신이 의사놀이를 하는 꼬마 소녀처럼 느껴졌다. 이론을 배우는 것과 실제는 달랐다. 진짜 환자 앞에 서자 머리가 얼어붙었다. 그 과정에서 '기댈 언덕'이 부족했던 것도 상황을 악화시켰다. 담당 전문의를 따라다니며 배우는 건 고작 이틀뿐, 그다음부터는 많은 것을 혼자 알아서 해야 했다. 필요하면 도움과 조언을 요청할 수는 있었지만 그래서는 안 될 것 같았다. 그건 민폐였고, 또한 자신이 '엉터리'라는 증거였다. 사수격인 의사도 아이샤가 도움을 청하면 못마땅해 했고, 그녀는 더욱 기가 죽었다. 하지만 아이샤는 사소한 것에도 걱정이 앞섰고, 확인을 하지 않았다가 생길 일이 두려웠다. 힘들기 짝이 없는 의과대학 5년을 우수한 성적으로 마쳤는데도 그녀는 자기 능력과 기량에 대한 자신이 없었다. 아이샤는 자신이 조만간 무능력자로 판명 날 것이라고 믿었다. 자신이 환자에게 뭔가 끔찍한 실수를 저지르지 않을까 두려울 뿐이었다.

새로운 진로나 교육과정을 시작할 때

대학에 진학하는 젊은이나 커리어 발전이나 전업을 위해 필요한 훈련을 받는 어른의 경우를 말한다.

케이스 스터디

애덤은 35세에 대학에 입학해 저널리즘을 공부하는 만학도다. 그는 16세에 학교를 중퇴했고 이후 힘든 시기를 겪으며 일종의 반항아가 됐다. 그는 공부에 관심이 없었고, 마약과 알코올에 의지하기도 했고, 가족의 지원이 없는 상태에서 이 일 저 일 전전하며 악동처럼 살았다. 그러다 나이 들면서 뜨내기 생활도 청산하고 결혼도 했다. 아기가 태어나자 아내는 그에게 재교육을 받고 좀 더 안정적인 직업을 가질 것을 권했다. 미장 같은 기술을 배워볼까 했지만, 사실 그는 남몰래 저널리스트의 꿈을 품고 있었다. 부질없는 꿈이긴 했다. 어쨌거나 그에게는 고등학교 졸업장도 없었고, 무엇보다 그는 자신이 '공부머리'가 없다고 생각했다. 하지만 아내의 격려로 야간학교에 들어가 고졸 자격을 취득했다. 갑자기 그의 꿈이 가시권으로 들어왔다. 그런데 대학에 합격했을 때만 해도 하늘을 찌를 것 같던 사기가 일단 학기가 시작되자 빠르게 꺾였고, 의구심이 밀려들었다. 다른 학생들 옆에서 그는 가짜가 된 기분이었다. 다른 학생들은 그에게 없는 화려한 스펙과 경력을 자랑했다. 그는 '내가 여기서 뭐하나?' 하는 생각이 들었다. 당장 그만두고 미장일로 돌아가는 게 맞아 보였다.

직장에서 승진했을 때

승진은 분명히 신나는 일이다. 하지만 누군가에게는 자신이 과분한 평가를 받았다는 불안감의 기폭제가 되기도 한다. 이 불안감은 남들도 내 승진의 부당함을 알게 될 것이라는 공포로 이어진다.

케이스 스터디

대기업 IT 부서에서 일하는 제임스는 고객의 고충처리와 문제해결이라는 자신의 일에 상당히 만족했다. 그러다 관리직으로 승진했고, 처음에는 당연히 기뻤다. 업무를 할당하고 서비스의 우선순위와 가격을 결정하는 것이 그의 소관이 됐고, 거기에는 다양한 부서와의 협업이 따랐다. 그는 늘어난 책무에 주눅이 들었고, 고객들이 불편해지고 (전에는 동료였던) 부하직원들과는 관계가 멀어졌다. 고객은 일이 빠르게 처리되지 않는다고 불평했고, 직원들은 할 일이 너무 많다고 불평했다. 모든 게 관리자에게 따르는 책임의 일부일 뿐이었지만 제임스는 자신을 부적격자로 여겼다. 자신은 애초에 그 자리로 승진해서는 안 될 사람이었다. 승진 전에는 모든 게 좋았다. 그저 맡은 일만 열심히 하면 됐다. 그런데 지금은 인사 문제와 직원 간 갈등까지 처리해야 했다. 그에게는 거기 필요한 기량도 없었고 훈련도 돼 있지 않았다. 아무리 생각해도 승진은 착오였다. 경영진이 그의 역량을 실제보다 더 높게 평가한 게 분명했다. 조만간 사실이 밝혀지고 자신이 사기꾼으로 드러날 게 뻔했다. 스트레스가 너무 심해서 그는 '불미스러운' 일이 생기기 전에 알아서 회사를 그만둘 생각이었다.

사기꾼증후군에 특히 잘 걸리는 사회집단

● ○

앞서 말한 유발 요인들 외에, 사기꾼증후군을 겪을 위험이 유난히 큰 사람들이 있다. 그중 일부는 성격과 관계가 있는데 그 문제는 나중에 이야기하기로 하고, 여기서는 사람을 사기꾼증후군에 취약하게 만드는 환경을 다룬다. 《성공한 여자들의 은밀한 생각: 유능한 사람들이 사기꾼증후군을 겪는 이유와 극복하는 방법Secret Thoughts of Successful Women: Why Capable People Suffer from the Imposter Syndrome and How to Thrive in Spite of It》(2011)의 저자 밸러리 영Valerie Young에 따르면, 다음 유형의 사람들이 고위험군이다.

- **학생**. 학생은 남들이 나보다 경쟁력 있고, 원숙하고, 열심히 공부한다고 생각하기 쉽다. 이런 학생들은 자신을 대학 캠퍼스에서 겉돌거나 거기 어울리지 않는 존재로, 진짜들 사이에 숨어든 가짜로 느낀다. 대학 내 소수집단인 만학도들의 경우가 특히 그렇다.
- **학자와 창작자**. 학술 분야와 창작 분야는 재능 있는 사람들이 모여 갖가지 방식으로 서로 비교하고 경쟁하는 곳이다 (23쪽의 학계의 사기꾼증후군 참고).
- **사회적으로 크게 성공한 사람과 매우 이른 나이에 직업적**

성공을 거둔 사람. 이런 사람들은 나중에 자세히 논할 '천부적 천재형' 사기꾼증후군에 특히 취약하다(54쪽 참고).

- **1세대 전문직/대학생/대학원생**. 가족 중 처음으로 특정 목표를 이룬 사람들은 엄청난 기대를 받기 마련이고 많은 것을 증명해야 하며, 그러다 높은 기대치에 도달하지 못할 수도 있다.

- **이례적인 경로로 지금의 자리에 오른 사람**. 이들은 자신의 성공을 자기 능력보다 운의 덕분으로 여길 가능성이 높다.

- **소수집단 출신(여성, 인종적 소수자, 성 소수자. 장애인, 특정 종교의 신자 등)**. 이들은 자신이 특정 인종이나 집단을 대표한다는 일종의 압박감을 느끼며, 이것이 사기꾼 기분으로 이어진다.

- **성공한 부모의 자녀(이들이 어떻게 사기꾼증후군에 취약한지는 2장에서 다룬다)**.

- **프리랜서나 혼자 일하는 사람**. 이들은 정서적 유대감 형성이 어려운 전자통신에 의지해 업무를 본다. 또한, 인간적 소통이 부족하고 사무적 연락 위주의 근무 환경에서 일하는 사람들은 자신이 잘하고 있는지, 기대치에 부합하고 있는지 알기가 어렵다. 특히 긍정적 피드백을 얻을 상호작용의 기회가 제한되어 있다.

이들 집단이 사기꾼증후군에 취약한 이유에 대해서는 이번
장에서 차차 살펴보기로 하자.

학계의 사기꾼증후군

박사 과정 학생 베스 맥밀란Beth McMillan이 2016년에 영국 고등교
육 분야 전문지 <THE Times Higher Education>에 기고한 논문에 따르
면, "세계 최고의 석학 중 다수가 자신은 그 자리에 있을 자격이 없고
다만 있는 척하고 있을 뿐이며, 그 허위가 조만간 들통 날 것이라는
불안감을 안고 매일 아침 눈을 뜬다."[3] 학술 블로거 제이 대니얼 톰슨
Jay Daniel Thompson도 사기꾼증후군이 "가장 저명한 교수들에게도
발생하고 있다"고 밝혔다.[4]

사기꾼증후군이 학계에 빈번하게 발생하는 이유는 다양하지만,
가장 큰 이유는 이렇다. 우선 학계는 진입장벽이 높은 엘리트 분야이
며 학자들은 전문가로 통한다. 이들이 '전문가형' 사기꾼증후군(59쪽
참고)에 취약한 것은 당연한 일이다. 또한 이들은 연구 결과물을 두고
끊임없이 평가받고, 그중 오직 소수만이 엄청난 경쟁을 뚫고 연구 내
용을 출판하고 연구 보조금을 따낸다(거기다 지난 성과를 뛰어넘는 성
과를 계속 내야 한다는 압박 또한 엄청나다). 이런 상황에서 부담감을 견
디지 못하고, 결국은 자신의 평판이 가짜라는 것을 모두가 알게 될 것
이라는 불안에 시달린다.

유명한 사기꾼들

사기꾼증후군을 겪고 있는가? 당신 혼자만 그런 게 아니다. 자기 분야에서 독보적인 성공을 거둔 유명인사 가운데 사기꾼증후군 증상을 보이는 경우가 셀 수도 없이 많다. 그중 몇 명의 말을 들어보자.

- 작가이자 시인인 마야 안젤루Maya Angelou, 1928~2014는 시낭송 앨범으로 그래미상을 세 번이나 받았고, 퓰리처상과 토니상 후보에도 올랐다. 미국 문화의 큰 별이었던 안젤루도 생전에 이런 소감을 남겼다. "나는 11권의 책을 썼다. 그때마다 나는 '아하, 이제야말로 세상이 다 알게 되겠구나. 이제껏 내가 모두를 상대로 농간을 부렸다는 것을 이제 다들 알게 생겼어'라고 생각했다."[5]
- 수십 권의 베스트셀러를 낸 세계적 마케팅 전문가 세스 고딘은 《이카루스 이야기》에 아무리 해도 사기꾼 기분이 가시지 않는다고 썼다.
- 70편 이상의 영화와 TV쇼에 출연하고 아카데미상을 두 번 받은 배우 톰 행크스는 2016년 한 잡지 인터뷰에서 이렇게 말했다. "언제쯤 사람들이 내가 사기꾼이라는 걸 눈치 채고 내 모든 것을 압수할까?"[6]
- 수차례 아카데미상 후보로 지명되고 골든글로브상을 비롯해 화려한 수상 경력을 자랑하는 배우 미셸 파이퍼는 언젠가 자신이 "허상에 불과하다는 것이 탄로 날 것이라는 두려움 속에 산다"

고 했다.[7] 다른 인터뷰에서는 이런 말도 했다. "지금도 내 재능이 미천하고 결국은 세상이 그걸 눈치 챌 거란 생각이 들어요. 사실 난 별것 없어요. 모든 게 위장일 뿐이에요."[8]

- 배우 조디 포스터는 1988년에 영화 <피고인>으로 아카데미 여우주연상을 받은 후 오스카 트로피를 반납해야 할까 봐 두렵다고 했다. 그녀는 한 인터뷰에서 이렇게 말했다. "착오가 있었던 같아요. 언제라도 아카데미에서 온 사람이 우리 집 문을 두드리며 '미안한데요, 다른 사람에게 갈 상이 잘못 갔어요. 메릴 스트립이 받을 상이었어요'라고 말할 것 같아요."[9]

- 아카데미상 후보에도 오른 바 있는 미국의 배우이자 프로듀서인 돈 치들Don Cheadle은 <로스앤젤레스 타임스Los Angeles Times>지에 "보이는 건 모두 내가 잘못하고 있는 것들뿐입니다. 모든 게 허위고 사기예요"라고 말했다.[10]

- 아카데미상에 빛나는 연기파 배우 케이트 윈즐릿이 작가 수전 핑커Susan Pinker에게 말했다. "때로 촬영장에서 이런 생각이 들어요. '도저히 못 하겠어. 나는 사기꾼이야.'"[11]

- <두 남자와 2분의 1Two and a Half Men>과 <빅뱅이론The Big Bang Theory> 같은 인기 시트콤의 작가이자 프로듀서인 척 로어 Chuck Lorre는 미국공영라디오 방송에서 이렇게 말했다. "내가 쓴 대본으로 배우들이 리허설을 하죠. 그걸 보다가 얼굴이 화끈 대면서 이런 생각이 들어요. '난 형편없어. 난 쓰레기야.'"[12]

- 아카데미 여우주연상에 빛나는 르네 젤위거는 어떤 배역에 낙점되면 이런 생각이 든다고 말한다. "대체 무슨 생각들이지? 이 역

- 을 나한테 준다고? 내가 가짜라는 걸 정말 모르는 걸까?"[13]
- 아카데미상과 골든글로브상 모두에서 역대 최다 노미네이트 기록을 보유한 대배우 메릴 스트립조차 '어떻게 하면 연기를 잘할 수 있을지 모르겠다'고 '실토'한 적이 있다.[14]
- 페이스북 최고운영책임자COO 셰릴 샌드버그Sheryl Sandberg는 하버드 대학교에서 열린 '사기꾼 기분Feeling Like a Fraud'이라는 강연에 참석했다가 그것이 정확히 자기 얘기임을 깨달았다.[15] 샌드버스는 매체 인터뷰에서 이렇게 말했다. "불쑥불쑥 내가 사기꾼처럼 느껴지는 날들이 있어요. 내 자리가 내가 있을 곳이 맞는지 확신이 없어요."[16]
- 영화 해리포터 시리즈로 스타덤에 오른 배우 엠마 왓슨도 다음과 같이 고백했다. "언제라도 사람들이 내가 껍데기일 뿐이란 걸 알아차릴 것 같아요."[17]
- 1962년 노벨문학상 수상자 존 스타인벡John Steinbeck, 1902~1968은 1938년도 일기에 이런 말을 남겼다. "나는 작가도 아니다. 나는 나 자신과 다른 사람들을 속이고 있다."[18]

가정환경의 중요성

● ○

자신의 성공은 모두 거품이며 자신은 가짜일 뿐이라고 느끼는 무기력감. 이런 사기꾼 감정이 가정환경과 관련 있을 수 있다.

클랜스와 임스의 초기 연구도 가정환경을 사기꾼 감정을 유발하는 주된 원인으로 꼽으면서 대개의 사기꾼들이 주로 두 가지 유형의 가족 역학관계family dynamics에서 나온다고 했다. 그 두 가지가 무엇인지 보자.

가족 역학관계 유형 1: 형보다 못한 아우

뛰어난 형제자매, 특히 지적으로 총명한 형제자매를 둔 사람의 경우다. 공부머리가 뛰어난 동기를 둔 사람은 '감수성이 좋다' 또는 '싹싹하다'처럼 다른 면을 강조하는 평을 들으며 자랄 가능성이 높다. 이 경우 자신에게 붙은 꼬리표를 진짜로 믿는 마음과, 목표를 높여 더 열심히 공부하고 더 좋은 성적을 내서 사람들이 자기를 잘못 봤음을 입증하려는 마음 사이에서 갈등하며 성장하게 된다. 하지만 노력해서 성공을 거둬도 가족은 상대적으로 별다른 감흥을 보이지 않고, 총명한 자식은 따로 있다는 기존의 인식을 바꾸지 않는 일이 많다. 성과를 내려고 끊임없이 노력해도 가족의 신화가 깨지지 않으면 사기꾼은 결국 가족의 판단이 옳으며 지금까지 자신이 이룬 성과는 사실상 운이나 다른 요인 때문이라는 의심을 품게 된다.

케이스 스터디

슐라에게는 두 살 터울인 언니 데이나가 있다. 데이나는 촉망받는 첫째였다. 10개월 만에 걸었고, 15개월 때 완벽한 문장을 구사하기 시작했고, 세 살에 글을 뗐다. 부모에게 데이나는 신동이었다. 부모는 데이나가 '잠재력'을 최대한 발휘할 수 있도록 물심양면으로 지원을 아끼지 않았다. 그 틈에서 2년 늦게 태어난 슐라는 성과를 내도 별다른 주목을 받지 못하는 기분이었다. 슐라도 매우 뛰어났지만, 그녀의 성과는 제 또래에서 유난히 특이한 것은 아니어서 부모의 관심을 끌지 못했다. 그러면서 부모는 대신 슐라에겐 다른 특별한 자질들이 있음을 열심히 강조했다. 슐라가 소외감을 느끼지 않게 배려하는 차원이었다. 부모에게 슐라는 친구 사귀는 능력이 뛰어난 '외향적인 아이'였다. 이에 비해 데이나는 내성적이었다. 자연스럽게 슐라에게는 '쾌활함'과 '친화성'이라는 꼬리표가 붙었다. 슐라는 이런 꼬리표에 불만은 없었지만 자신의 학업 성과를 제대로 인정받지 못하는 점은 억울했다. 공부를 잘했지만 딱히 데이나처럼 발군의 실력은 아닌 게 문제였다. 슐라는 야심 있는 사람으로 컸다. 특히 지적 성취에 욕심이 많았다. 하지만 그것이 본인의 만족을 위한 것인지 부모에게 뭔가를 증명하기 위한 것인지는 알 수 없었다. 뭐가 됐든 아무리 해도 자신을 충분히 '증명'했다는 확신은 들지 않았다. 학업우수상, 명문대학교 입학, 잘나가는 커리어 등 대단한 일들을 해냈지만, 그런 것들은 언니 데이나가 이룬 것들에 비하면 초라하다는 생각만 들었다. 데이나가 '진짜'였고, 슐라는 그저 데이나처럼 유능한 척하는 가짜에 지나지 않았다.

가족 역학관계 유형 2: 발군의 기대주

이 유형은 앞의 경우와 반대다. 이 경우의 사기꾼은 매우 높은 기대를 한 몸에 받고 자란다. 가족은 그를 금이야 옥이야 떠받들고, 그가 모든 면에서 남들을 뛰어넘을 걸로 믿는다. 그가 누구보다 매력적이고, 지적이고, 사교적이고, 노련할 걸로 믿는다. 문제는 이 사기꾼이 실패를 경험하기 시작하면서부터, 또는 적어도 자신이 가족의 생각만큼 완벽한 사람이 아니라는 것을 깨닫기 시작하면서부터 생긴다. 그는 부모가 자신을 인식하는 방식을 믿지 못하게 되고, 무엇보다 자신에 대해 의구심을 품게 된다. 부모의 기대에 부응하려면 죽어라 노력해야 하기 때문에 자신은 부모가 생각하는 천재가 아니라고 믿는다. 그렇다면 자신은 사기꾼에 불과하다.

케이스 스터디

셰인은 아들만 둘인 집에서 첫째였다. 그의 동생은 성격이 좋아서 인기는 많았지만 그의 부모가 자식에게 기대하고 상상했던 종류의 '뿌듯함'을 안겨주지는 못했다. 반면 큰아들 셰인은 부모가 꿈꿨던 자식 그 자체였다. 부모에게 셰인은 똑똑하고 착하고 사려 깊고 잘생긴 아들이었다. 실제로 그는 학교에서 우등생이었고, 늘 동생을 챙기며 동생과 많은 시간을 보냈고, 여자들에게 많은 관심을 받았다. 하지만 어른이 된 셰인은 더는 기대의 무게를 감당하기 어려웠다. 그는 부모가 자신이 될 수 있는 것 이상을 기대한다고 느꼈다. 자신은 부모가 생각하는 미덕의 귀감이 아니었다. 부모가 그를 보는 견해와 그가 인지하는 실제 사이의 부조화 때문에 그는 세상을 속이는 사기꾼이 된 기분이 들었다. 이것이 그에게 엄청난 스트레스를 주었다. 부모의 기대에 맞추려 노력할수록 더 가짜처럼 느껴질 뿐이었다. 자신이 부모의 생각만큼 완벽하지 않다는 증거들은 자신이 사기꾼이라는 믿음을 강화하고 증명했다.

물론 가정환경이 사기꾼증후군을 일으키는 유일한 요인은 아니다. 이런 가정환경에서 자랐어도 사기꾼 감정을 겪지 않는 사람도 많다. 마찬가지로 모든 사기꾼이 이런 가정에서 자란 것도 아니다. 이번 장에서 사기꾼증후군의 다른 유발 요인들도 차차 살펴보겠다.

나도 사기꾼증후군일까?

● ○

사기꾼증후군에 대한 최초의 논문에서 클랜스와 임스는 사기꾼증후군의 징후를 단계적 과정이라고 설명했다. 그 단계들은 다음과 같다.

1. 인생에서 성공할 것이라는 기대가 낮다(사기꾼증후군의 전조 증상)(15쪽 참고).

2. (예상 밖의) 성공을 거둔 후 성공을 인정하는 마음과 성공의 자격이 없다고 느끼는 마음 사이에서 갈등한다. 일종의 인지 부조화를 겪는다. 인지부조화란 두 가지 상반된 신념을 동시에 가질 때 경험하는 정신적 불안감 또는 스트레스를 말한다.

3. 이 불일치를 해소하기 위해서 성공을 내적이고 안정적인 요인(예컨대 자신의 재능)이 아니라 외부적이고 임의적인 요인(예컨대 운) 덕분으로 돌린다.

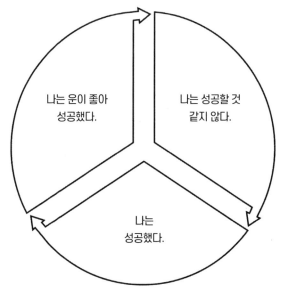

사기꾼증후군의 진행 과정

이런 믿음이 특정 종류의 행동, 징후, 증상으로 이어진다. 그 중 일부를 여러분도 경험하고 있을 가능성이 높다. 먼저 대표적인 사기꾼증후군 행동들을 짚어본 후 자가진단 테스트를 제시하겠다. 그다음에 사기꾼의 여러 유형을 살펴보기로 하자.

먼저, 대표적인 사기꾼증후군 행동들은 다음과 같다.

과도한 노력

사기꾼은 자신의 '허위'가 탄로 나는 것을 막으려면 남보다 열심히 일해야 한다고 생각한다. 근면함을 통한 '은폐' 전략은 실제

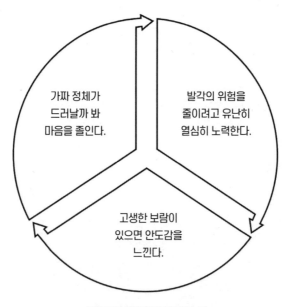

과로와 사기꾼 기분의 악순환

로 결실을 볼 때가 많고, 노력이 성공으로 이어졌다는 안도감을 준다. 이 보람이 더한 노력을 부른다. 하지만 그러다 자신의 성공은 뼈 빠지게 노력한 결과일 뿐 다른 건 아니라고 믿게 되고, 결국 사기꾼 기분에 빠진다. 이렇게 걱정, 노력, 일시적 보람의 악순환이 이어진다.

속마음 숨기기

사기꾼은 자기 능력을 믿지 않으므로 자기 견해도 잘 드러내지 않는다. 잘못 말했다가 지적 열세를 들킬 수 있기 때문에 의견을 내지 않으려 하고, 지식 부족이 드러날 수 있는 경우 논의에 참가하는 것을 피하거나 그냥 남들의 견해에 따른다. 심하면 '지적 아첨intellectual flattery'의 형태를 띠기도 한다. 즉 자신에게는 없는 지적 능력을 갖췄다고 생각하는 사람들의 견해를 자기 것으로 차용한다.

'나보다 잘난' 사람을 멘토로 삼기

사기꾼의 또 다른 징후는 자기보다 '잘났다고' 생각하는 사람을 끝없이 물색해서 본보기로 삼는 것이다. 사기꾼은 상대에게 인정받는 것이 자신을 입증하는 방법이라 생각한다. 이렇게 뛰어난 사람이 나를 좋아해주고 심지어 높이 평가한다면 그건 결국 내가 진짜라는 뜻이 된다. 이는 '매력 공세charm offensive'로 이어지기도 한다. 매력 공세는 상대의 환심을 사고, 상대의 관심사나 취미를 따라하고, 상대와 일할 핑계를 찾는 등의 형태로 나타난다. 경우에 따라 심지어 상대와 성관계를 갖기도 한다.

하지만 불행히도 '영웅'의 인정도 사기꾼증후군을 근본적으로 '치유'하지는 못한다. 결국 사기꾼은 자신이 자기 영웅도 속였다고, 능력이 아니라 매력 발산이나 관심사의 공유로 상대를 홀렸을 뿐이라고 생각하기 때문이다. 무엇보다 사기꾼은 자신이 타인의 인정에 집착한다는 것을 잘 알고, 그 집착이 자신은 결국 가짜라는 견해를 강화한다. 정말로 재능 있는 사람은 자기 기량을 입증하는 데 구태여 남들의 승인을 필요로 하지 않을 테니까. 사기꾼은 인정 욕구를 느낄수록 자신에 대한 부정적 견해를 강화한다.

케이스 스터디

애나는 지방의회의 의원으로 선출됐다. 기쁜 일이었지만, 얼마 안 가 의원 자리는 자기 능력 밖이며 자신은 의원 '재목'이 아니라는 두려움이 닥쳤다. 다른 의원들은 그녀보다 훨씬 유능하고 똑똑해 보였다. 애나는 의회에서 발언하는 것조차 두려웠다. 동료 의원들이 자신의 '진실'을, 사실 자신은 아는 것도 미천하고 애초에 의원으로 선출돼서는 안 될 사기꾼이라는 것을 알게 될까 봐 겁이 나서였다. 유권자들의 눈은 속일 수 있었을지 몰라도, 동료들을 속이는 건 전혀 다른 문제였다. 결과적으로 그녀는 등원해서 침묵만 지키는 일이 많았고, 동료 의원들과 생각이 다른데도 그들에게 동조하거나 심지어 그들의 견해를 치켜세웠다. 가짜로 '판명' 나는 것을 피하려면 그게 최선이었다. 동료들은 자신보다 아는 게 많기 때문에 그들의 의견에 따르는 것이 그나마 정체를 감추는 방법이었다.

케이스 스터디

줄리는 자신감 부족과 자존감 결여로 몇 달간 상담을 받았다. 전형적인 사기꾼증후군이었다. 나는 그녀가 특정 행동 패턴을 보인다는 것을 알게 됐다. 그녀는 자기 눈에 잘나 보이는 사람이나 자신이 잘 보이고 싶은 사람을 찾아내 친하게 구는 습관이 있었다. 이런 종류의 '친목'은 매우 강렬한 양상을 띠었다. 그녀가 평소 친구들을 대하는 방식과는 매우 달랐다. 그녀의 상대는 주로 그녀가 존경하는 사람이었고, 대개 남성이었다. 그녀가 상대에게 원하는 것이 성관계는 아니었다. 그녀는 상대가 자신에게 감명받고, 상대도 자신을 존경하는 환상을 품었다. 이런 '집착'이 특히 심할 때는 자신의 영웅과 어울리고, 그의 관심사를 따라하고, 그와 자신의 공통점을 보여주려고 애면글면했다. 상대와 다양한 매체를 통해 열정적으로 소통하고, 업무를 이유로 직접 만날 기회를 만들었다. 그녀는 깨닫지 못했지만, 그녀의 목표는 관심의 대상에게 가치 있고 중요하고 인상적인 사람으로 자리매김해서 진짜가 된 기분을 느끼는 것이었다. 하지만 이런 강렬한 친목은 오래가지 못하고 흐지부지되기 일쑤였다. 상대가 지나친 관심에 부담을 느끼거나 둘을 묶었던 프로젝트가 끝나면 자연히 둘 사이도 멀어졌다. 관계가 끝나면 줄리는 몹시 심란했고, 어느 때보다 자신이 하찮게 느껴졌다. 이런 경험은 그녀의 '가짜' 기분을 키울 뿐이었다. 친목 중에는 자신이 중요하고 가치 있는 사람이 된 듯했지만, 그 끝에는 자신을 포함한 모든 것이 가짜라는 참담함만 남았다. 그러면 그녀는 자신을 다시 가치 있게 만들어줄 새로운 '대상'을 찾아 나섰다.

완벽주의

사기꾼이 자기 가치를 증명하려면 매사에 완벽해야 한다. 실패는 자신이 가짜라는 생각만 키울 뿐이다. 그들은 실패는 물론이고 어중간하게 하는 것도 두려워한다. 화가를 상상해보자. 겉으로는 작품에 매진하지만 속으로는 의구심에 시달린다. 내가 왜 이걸 하고 있지? 내게는 진정한 재능이 없는데? 유명 갤러리에서 개인전을 열고, 그림을 고가에 팔고, 풍족한 삶을 누려도 그는 자기에게는 자격이 없다고 믿으며 언젠가 재능 결여가 들통 나 지금껏 쌓아온 부와 명성을 삽시간에 잃을 것이라는 공포를 느끼며 산다. 따라서 그의 작품은 매번 모두 완벽해야 한다.

완벽에서 조금이라도 떨어지는 것은 그가 쓰레기라는 견해만 강화할 뿐이다. 이런 사람은 결과물이 자신의 기대수준에 못 미친다 싶으면 가차 없이 폐기할 가능성이 높다. 재능 결핍의 '증거'는 빨리 없애는 게 좋으니까.

이런 완벽주의는 또 다른 악순환을 부른다. 실패의 공포가 완벽주의로 이어지고, 이는 과로를 부른다. 심하면 일을 제때 끝내지 못하고, 심지어 결과가 생각만큼 좋지 않을까 봐 시작을 꺼리는 성향을 낳는다.

케이스 스터디

잭은 고등학교 때부터 재능 있는 아티스트였다. 미대 진학은 따 놓은 당상이었고, 주위에서 재능에 대한 칭찬이 끊이지 않지만 정작 그는 불안에 시달렸다. 그도 사기꾼증후군을 앓고 있었다. 그는 자신이 남들 생각처럼 뛰어나지 않다고 믿었다. 이 자기회의는, 부분적으로는, 그가 모든 장르의 미술에 능하진 않다는 사실 때문이었다. 그는 초상화에는 뛰어났지만 정물화 등 다른 장르에는 좀 약했다. 대회에서 사람들이 기대하는 성과를 내지 못한 적도 있었다. 이런 이유로 그는 자신을 사기꾼으로 느꼈고, 그런 기분에서 벗어나려고 매번 끝내주는 결과물을 내기 위해 고군분투했다. 그것만이 자신이 가짜가 아니라 진정한 아티스트라는 것을 스스로에게 증명하는 길이었다. 그러다보니 자기 눈에 훌륭하지 않으면 작품을 아예 제출하지도 않는 강박이 생겼다. 그는 각각의 작품에 심하게 많은 시간을 쓰기 시작했고, 아무리 오래 공들인 것이라 해도 100% 마음에 들지 않으면 그냥 찢어버리는 일도 많았다.

성과 폄하하기

'완벽주의자—사기꾼' 순환을 자세히 보면 그 사이에 고리가 하나 더 있을 때가 많다. 원하는 것을 이룬 후 자기 성과를 스스로 폄하하는 성향이 그것이다. 사기꾼은 실패(가짜로 밝혀짐)에 대한 두려움 때문에 과도하게 노력한다. 당연히 노력은 종종 좋은 성과를 낳는다. 그런데 사기꾼은 그 성과를 '잘한 일'로 인정하기보다는 '별것 아닌 일', 즉 누구나 할 수 있는 일로 치부한다. 그래야 사기꾼 기분이 온전히 유지된다. 성공을 인정하는 데서 오는 성취감은 자신이 하찮은 인간이라는 믿음과 충돌하고, 이는 인지부조화를 낳는다. 두 가지 서로 반대되는 믿음(또는 인식)은 심리적 불편을 일으키고, 사람은 본능적으로 거기서 벗어나고자 한다.

인지부조화의 불편함을 해소하는 방법은 둘 중 하나다. 자신이 별 볼일 없다는 믿음을 바꾸거나('내가 재능이 있긴 있나 봐'), 자신이 놀라운 일을 해냈다는 현실 인식을 바꾸거나('내가 한 일은 사실 그리 어려운 일이 아니었어'). 이때 대개는 후자를 택한다. 후자

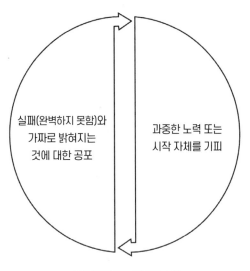

완벽주의자 — 사기꾼 순환

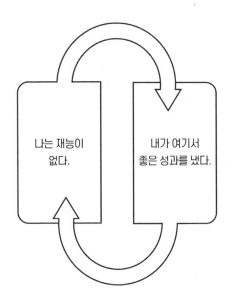

낮은 자신감과 성과 인정 사이의 인지부조화

사기꾼증후군이란?

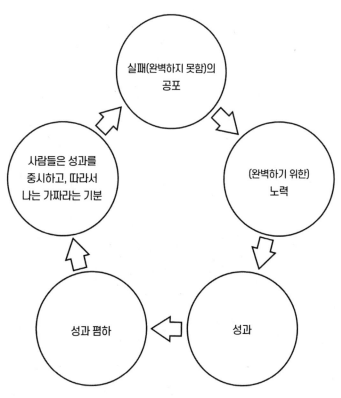

사기꾼증후군의 완벽주의 — 성과 폄하 순환

가 더 쉽기 때문이다. 자신을 무적격자라고 생각하는 마음은 이미 오래전에 형성됐을 가능성이 높고, 그런 자기회의는 깨기가 쉽지 않다.

칭찬 무시하기

성과 폄하와 같은 맥락의 증상이다. 사기꾼은 남들의 칭찬을 무시하는 경향이 있다. 사기꾼은 자신의 기량과 재능을 입증하기 위해 남들의 인정과 칭찬을 필사적으로 갈구하면서도, 실제로 칭찬을 받으면 그 칭찬이 유발하는 내적 모순과 씨름한다. 슬픈 역설이 아닐 수 없다.

성과 폄하의 경우처럼, 이 불편한 부조화를 없애려면 사기꾼은 두 가지 상반된 믿음(또는 인식) 중 하나를 바꿔야 한다. 자신이 잘났다는 것(따라서 칭찬받을 자격이 있다는 것)을 인정하거나, 남들의 칭찬을 부정하거나('인사치레일 거야', '아무것도 모르는 사람이야'). 이번에도 마찬가지로 해묵은 자기회의를 바꾸는 것보다는 남들의 칭찬을 부정하는 편이 더 쉽다.

자기불구화self-handicapping

쉬운 말로 '구실 만들기'다. 실패했을 때 그 원인을 자신이 아닌 다른 것으로 돌리기 위해서 일부러 성과를 내기 어려운 상황을 만드는 것을 말한다. 예를 들어 실패에 따르는 사기꾼 감정을 피하려고 일부러 면접 준비나 시험공부를 하지 않는다. 그렇게 하면 결과가 나빠도 자기 탓은 아니라는 '정신승리'가 가능하다. 400명 이상을 대상으로 설문조사를 한 결과, 자기불구화 전략을 쓰는 사람은 그렇지 않은 사람에 비해 사기꾼증후군 측정에서

도 점수가 높은 것으로 나타났다.[19]

케이스 스터디

조는 언제나 책을 쓰고 싶었다. 하지만 실제로 책을 출판하는 건 물론이고 출판 에이전트를 구하는 것부터가 얼마나 어려운지 잘 알고 있었다. 그녀는 에이전트가 붙는 사람들은 놀라운 재능을 가진 사람들이며, 자신은 절대로 그 범주에 들지 못한다고 생각했다. 그녀가 생각하기에 자신의 글은 나쁘지 않은 정도지 놀라운 정도는 아니었다. 하지만 조는 끈질기게 노력했고, 마침내 한 에이전트와 계약하게 됐다. 그런데 기쁨은 잠시였다. 처음의 흥분이 잦아들자 그녀는 자신의 성취를 부정하기 시작했다. "나 같은 사람도 에이전트를 구할 수 있다면, 결국은 그게 그렇게 어려운 일이 아니었던 거야." 더구나 실제로 책을 내줄 출판사를 찾는 일에 비하면 에이전트를 구하는 건 쉬운 편에 속했다. 에이전트가 생겼다고 출판이 보장되는 것은 아니었다. 마침내 그녀의 책을 내겠다는 출판사가 나섰을 때도 그녀는 출판이 결정됐다고 판매량이 보장되는 건 아니라는 논리로 또 다시 그 엄청난 성취를 부정했다. "책은 팔려야 책이지." 조는 이렇게 뭔가를 이룰 때마다 그것을 별일 아닌 것으로 치부함으로써 자신의 성공을 깎아내렸다.

그럼 나는 사기꾼증후군에 해당할까?

● ○

남 얘기 같지 않다고 느껴지는가? 우리 중 대부분이 앞서 말한 사기꾼증후군의 징후와 증상 중 일부를 경험하고 있을 가능성이 높다. 하지만 그렇다고 다 사기꾼증후군은 아니다. 이 시점에서 다시 기억해야 할 것이 있다. 사기꾼증후군은 정신질환으로 분류되지 않는다(17쪽 참고). 따라서 의학적 진단을 위한 표준은 없다.

하지만 다음과 같은 자가진단 테스트를 이용해 각자 자신의

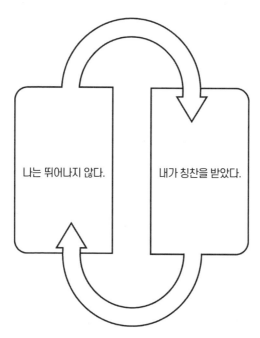

낮은 자신감과 칭찬 수용 사이의 인지부조화

징후와 증상이 혹시 사기꾼증후군에 해당할 정도인지 가늠해볼 수 있다. 이 테스트는 앞서 소개한 사기꾼증후군 공통 증상들에 기초해 내가 고안한 것이며, 정식 정신건강 진단도구는 아님을 다시 한번 밝힌다. 다만 자신을 사기꾼으로 생각하는 정도를 빠르고 간단하게 짚어보는 방법은 된다.

다음에는 사기꾼의 유형들을 살펴본다. 여기에도 자신이 어느 '유형'에 속하는지 알기 위한 자가진단 테스트가 있다(62쪽 참고). 자가진단 테스트들의 목적은 자신을 돌아보고 혹시라도 자신이 겪고 있을지 모를 사기꾼증후군에 더 효과적으로 대응하도록 돕는 것이다.

각각의 질문을 읽고 자신에게 가장 들어맞는 답을 고르자.

사기꾼증후군 자가진단 테스트

1. **나는 칭찬을 쉽게 받아들이는 편인가?**

매우 어렵다	어려운 편이다	쉬운 편이다	매우 쉽다
1	2	3	4

2. **무언가를 잘 해냈을 때 대수롭지 않은 일로 치부하는 편인가? ('쉬운 일이었다', '누구라도 해냈을 것이다', '별것 아니었다' 등)**

매우 그렇다	그런 편이다	그렇지 않은 편이다	전혀 그렇지 않다
1	2	3	4

3. 무언가를 잘 해냈을 때 성공을 운이 좋았던 덕분으로 돌리는 편인가?

매우 그렇다	그런 편이다	그렇지 않은 편이다	전혀 그렇지 않다
1	2	3	4

4. 무언가를 제대로 해내지 못했을 때 실패를 운이 나빴던 탓으로 돌리는 편인가?

전혀 그렇지 않다	그렇지 않은 편이다	그런 편이다	매우 그렇다
1	2	3	4

5. 나쁜 성과를 냈을 때 실패를 자신의 기량 부족이나 노력 부족의 탓으로 돌리는 편인가?

매우 그렇다	그런 편이다	그렇지 않은 편이다	전혀 그렇지 않다
1	2	3	4

6. 무언가를 잘 해냈을 때 성공을 남들의 덕분('다른 사람들의 도움이 컸다')으로 돌리는 편인가?

매우 그렇다	그런 편이다	그렇지 않은 편이다	전혀 그렇지 않다
1	2	3	4

7. 무언가를 제대로 해내지 못했을 때 실패를 남들의 탓으로 돌리는 편인가?

전혀 그렇지 않다	그렇지 않은 편이다	그런 편이다	매우 그렇다
1	2	3	4

8. 내가 의미를 두는 일에서 최고가 되는 것이 내게 중요한가?

매우 중요하다	중요한 편이다	중요하지 않은 편이다	전혀 중요하지 않다
1	2	3	4

9. 내게 성공이 중요한가?

매우 중요하다	중요한 편이다	중요하지 않은 편이다	전혀 중요하지 않다
1	2	3	4

10. 잘 해낸 것보다는 잘 해내지 못한 것에 집중하는 편인가?

매우 그렇다	그런 편이다	그렇지 않은 편이다	전혀 그렇지 않다
1	2	3	4

11. '영웅(존경할 만한 사람)'을 찾아서 그와 친해지고 그의 인정을 받는 것이 내게 중요한가?

매우 중요하다	중요한 편이다	중요하지 않은 편이다	전혀 중요하지 않다
1	2	3	4

12. 남들이 내가 무지하다는 것을 눈치 챌까 봐 의견을 내기가 두려울 때가 많은가?

매우 많다	많은 편이다	많은 편은 아니다	전혀 없다/드물다
1	2	3	4

13. 실패의 두려움 때문에 새로운 프로젝트를 시작하기가 어려울 때가 많은가?

매우 많다	많은 편이다	많은 편은 아니다	전혀 없다/드물다
1	2	3	4

14. 아직 충분치 않다는 생각에 프로젝트를 끝내기가 꺼려질 때가 많은가?

매우 많다	많은 편이다	많은 편은 아니다	전혀 없다/드물다
1	2	3	4

15. 결과물이 완벽하지 못해도 담담히 받아들이는 편인가?

전혀 담담하지 않다	담담하지 않은 편이다	담담한 편이다	매우 담담하다
1	2	3	4

16. 자신이 주변을 속이고 있다는 생각이 들 때가 많은가?

매우 많다	많은 편이다	많은 편은 아니다	전혀 없다/드물다
1	2	3	4

17. 자신의 기량/재능/능력 부족이 탄로 날까 봐 걱정되는가?

매우 그렇다	그런 편이다	그렇지 않은 편이다	전혀 그렇지 않다
1	2	3	4

18. 남들에게 인정받는 것이 내게 중요한가?

매우 중요하다	중요한 편이다	중요하지 않은 편이다	전혀 중요하지 않다
1	2	3	4

점수 합산 방법

점수는 최저 18점, 최고 72점이다. 점수가 낮을수록 사기꾼증후군을 앓고 있을 가능성이 높다.

대략적으로 말해서 36점 이하일 경우 사기꾼증후군 성향이 어느 정도 있다고 할 수 있다. 그런 사람은 꼭 이 책을 계속 읽어주기 바란다. 자신이 여러 사기꾼 유형 중에서 어디에 해당하는지, 자신의 사기꾼 심리가 왜 생겨났는지, 어떻게 그것을 극복하고 자신감을 키울 수 있을지 파악하는 데 많은 도움이 될 것이다.

사기꾼에도 종류가 있다

● ○

모든 사기꾼이 다 같은 것은 아니다. 자신을 가짜로 느끼는 방식도 여러 가지다. 사기꾼증후군 연구를 가장 왕성하게 하는 학자 중 한 명인 밸러리 영은《성공한 여자들의 은밀한 생각》에서 '유능 유형competence types'이라는 개념을 소개한다. 유능 유형은 사기꾼증후군을 겪는 여자들이 따르는 내적 규칙을 말한다. 내적 규칙은 스스로 만들어 자신에게 적용하는 것으로, 흔히 '해야 한다', '항상', '하지 않는다', '결코' 같은 말들을 포함한다. 영은 이를 바탕으로 사기꾼을 다음의 다섯 가지 유형으로 나눴다(남녀 모두에게 똑같이 적용된다).

완벽주의자형

앞서 말했듯, 완벽주의는 사기꾼증후군과 자주 연관되는 행동 중 하나다. 즉 완벽주의는 사기꾼증후군의 증상인 동시에 사기꾼 유형 중 하나다. 완벽주의자 사기꾼은 목표와 기대치를 이루기 어려울 만큼 과하게 높이 잡는다. 그랬다가 목표 달성에 실패하면 자연히 자신이 변변치 않다는 마음속 믿음만 강해진다.

이 유형은 혹시 성공하더라도 더 좋은 결과를 낼 수 있었다고 생각하며 좀처럼 만족하지 못한다. 또는 자신이 목표를 너무 낮게 정한 게 아닐까 의심한다. 이들은 자신이 잘 해낸 것보다 개선

해야 할 것에 집착한다. 결국 남는 것은 불안감, 자기의심, 불행이다.

완벽주의자는 자신이 세운 높은 기준에 이르지 못할 경우 실망감과 좌절감을 쉽게 떨치지 못하고, 자신이 어디부터 무엇을 잘못했으며 무엇을 어떻게 했어야 했는지를 며칠씩 곱씹는다. 또한 뭐가 됐든 실패는 능력 부족을 드러낸다고 여기고, 이는 자신이 사기꾼이라는 믿음을 확증한다. 능력이 없는데도 남들은 내가 뛰어나다고 생각하니 나는 얼마나 사기꾼인가.

완벽주의자는 남에게 일을 맡기는 것도 꺼린다. 자신이 세운 기대수준을 맞출 사람은 아무도 없다고 생각한다. (심지어 자신에게도 버겁지만) 남들에 비하면 그나마 자신이 강박적인 노력을 통해 도달할 가능성이 있다고 생각한다.

완벽주의 사기꾼의 내적 규칙

내가 하는 모든 것은 반드시 완벽해야 한다.

내게 실수는 용납되지 않는다.

완벽하지 않으면 나는 가짜라는 뜻이다.

완벽하게 해냈다면 그건 목표가 충분히 높지 않았다는 뜻이다.

나는 언제나 더 잘할 수 있다.

완벽하지 않다면 실패한 거다.

완벽하게 할 수 없다는 차라리 하지 않는 게 낫다.

케이스 스터디

메릴린은 이벤트 기획사를 운영한다. 그녀는 업계 최고라는 평에 자부심을 느낀다. 세부적인 것까지 꼼꼼하게 신경 쓰는 것이 그녀의 최대 셀링 포인트다. 문제는 메릴린이 자신에게, 그리고 직원들에게 완벽을 요구한다는 것이다. 그녀는 고객에게 완벽한 이벤트를 짜느라 날마다 머리를 싸매고 동분서주한다. 이것이 사업을 따는 비결이기도 하지만, 이 때문에 그녀는 손에서 일을 놓지 못한다. 항상 전화와 메일에 매달려 끝없이 최고의 제품과 공급자를 찾는다. 테마에 적합한 것을 찾아내도, 혹시 모르는 곳에 더 좋은 것이 있을까 해서 검색을 멈추지 않는다. 그녀의 이벤트는 대개 고객만족과 호평으로 이어지지만, 그녀는 성공을 제대로 즐기지 못한다. 미비점과 개선점만 들이파기 때문이다. 대부분은 고객이 알지도 못하는 소소하고 가벼운 문제들이지만 메릴린은 거기에 몹시 속을 썩인다. 칭찬을 받아도 좋게 받아들이지 못한다. 그녀는 자신이 가짜라고 느낀다. 모두가 그녀의 이벤트를 대성공으로 생각해도 그녀는 그것을 사실로 인정하지 않는다.

거기다 메릴린은 이벤트의 어느 부분도 선뜻 남에게 맡기지 못한다. 누구한테 맡겨도 맘이 놓이지 않고, 항상 자신이 해야 더 잘할 수 있다고 생각하기 때문이다. 직원이 제품을 섭외해 와도 그녀는 따로 알아보고, 또 예외 없이 더 나은 것을 찾아낸다. 드물지만 메릴린도 일이 다 잘 풀렸다고 인정하는 때가 있다. 하지만 그런 때조차 긴장을 놓지도, 성공을 즐기지도 못한다. 그저 목표치를 더 높게 잡았어야 하지 않나, 뭔가 더 멋지게 했어야 하지 않나 속을 태울 뿐이다.

슈퍼우먼/슈퍼맨형

슈퍼우먼/슈퍼맨의 성취감은 무엇을 해냈느냐보다 얼마만큼 해냈느냐에 달려 있다는 점에서 완벽주의자와 약간 다르다. 이 유형은 자신이 모든 일에 능통해야 한다고 생각한다. 그냥 잘하는 정도가 아니라 끝내주고 눈부시게 잘해야 하며, 심지어 모든 면에서 최고여야 한다고 생각한다. 따라서 이들은 (업무, 그림, 요리 등의) 특정 분야에서 다소 제한적으로 완벽을 추구하는 완벽주의자에 비해 관심사가 넓다. 슈퍼 사기꾼은 처음에는 여러 가지 일을 일류 곡예사처럼 능숙하게 처리하는 데 자부심을 가지며, 실제로 모든 일에 뛰어나다. 학계에서 처음 주목한 슈퍼 사기꾼은 팔방미인의 신화를 믿으며 자라나 동시에 완벽한 엄마, 완벽한 직장인, 완벽한 아내, 완벽한 딸, 완벽한 학부모 등등이 되려고 고투하는 슈퍼우먼이었다. 하지만 요즘은 이 유형이 여성에게만 한정되지 않는다. 남녀 상관없이 개인이 삶에서 다양한 역할을 동시에 해야 하는 경우가 많아졌기 때문이다.

슈퍼 사기꾼의 역할이 늘어날수록 자신과 세상에 유능함을 증명할 일도 늘어난다. 그는 내적 만족보다 외부의 평가에서 끊임없이 성공 여부와 정도의 증거를 찾는다. 그래서 느긋하게 휴식을 즐기기가 어렵다. 자신의 가치를 증명하기 위해 항상 쉴 새 없이 뭔가를 하고 있어야 한다. 그리고 그 많은 일을 어떻게 해내느냐며 사람들이 퍼붓는 감탄과 찬사를 누린다. 하지만 이는 스스로 실패의 탑을 쌓는 길이다. 한 사람이 그렇게 다양한 역할을 모두 그렇게 끝내주게 해내는 것은 불가능하다. 동시에 완벽한 부모, 완벽한 사업가, 완벽한 자원봉사자, 완벽한 자식, 완벽한 형제자매, 완벽한 살림꾼, 완벽한 친구일 수는 없다. 그런 만능 초능력자는 존재하지 않는다. 그런데 슈퍼 사기꾼은 한두 가지 역할에서 어쩔 수 없게 '실패'를 맛보기라도 하면, 저글링하던 공 가운데 하나가 떨어지기라도 하면, 스스로를 질책하면서 그것을 자신이 가짜라는 증거로 여긴다. 모두가 닮고 싶은 사람의 이미지를 만들려고 아등바등했지만, 정작 현실은 이도저도 아닌 부족한 모습뿐이다. 그렇게 그는 자신을 사기꾼으로 낙인찍는다.

슈퍼 사기꾼의 내적 규칙

나는 만능이어야 한다.

나는 하는 일이 많을수록 더 위대하다.

내가 맡은 모든 역할에서 완벽하지 못하면 나는 실패한 거다.

나는 모든 것을 차질 없이 착착 해내야 한다.

나는 어떤 일이든 감당할 수 있어야 한다.

감당하지 못하는 건 나약함의 증거다.

뭔가에 실패하면 그건 내가 가짜라는 증거다.

케이스 스터디

클로이는 세 아이의 엄마이자 스타트업 자선단체의 이사다. 아이들 학교에서는 운영위원회 부회장이고, 할아버지가 계시는 지역 노인 요양원에서 자원봉사자로 일하고, 후원하는 자선사업을 위해 하프 마라톤을 뛴다. 집에서는 삼시세끼 직접 요리해 먹어야 직성이 풀린다. 그녀는 즉석식품을 믿지 않는다. 그런 건 화학조미료 범벅일 뿐이다. 그녀는 항상 가족에게 건강한 가정식을 만들어 먹이고, 아이들 간식도 직접 만든다. 정기적으로 학교 행사에 내놓을 과자도 직접 굽는다. 물론 하교 시간에 아이들을 데려오는 것도 그녀의 일이다.

모두가 클로이를 대단하게 여긴다. 일인다역의 화신이라며 칭찬을 아끼지 않는다. 그녀는 활동적인 사람이고, 자신에게 쏟아지는 찬사를 즐긴다. 사람들을 대접하는 것도 좋아해서 정기적으로 디너파티를 열어 손님들에게 맘껏 음식 솜씨를 뽐낸다. 친구들은 늘 그녀 앞에서 어떻게 이 많은 일을 다 해내느냐며 혀를 내두른다. 엄마의 살인적인 스케줄에도 아이들은 항상 깨끗하고 깔끔하게 다림질된 옷을 맵시 있게 입고 다니며, 이 또한 그녀의 자랑이다. 청소 도우미를 고용한 것 외에 그녀는 모든 일을 직접 한다.

그런데 최근 클로이는 자신을 사기꾼으로 여기기 시작했다. 모두가 그녀를 슈퍼우먼이라고 칭송하지만, 그녀는 그게 사실이라고 생각하지 않는다. 그녀는 여유를 잃고 전전긍긍하기 시작했고, 감당하기 어려워지자 원칙을 조금씩 꺾었다. 다림질은 도우미에게 맡기고, 몇몇 요리는 고급 즉석식품으로 대체하고, 마라톤 훈련도 줄였다. 모두가 그녀를 슈퍼우먼으로 생각했지만 그녀는 사실 슈퍼우먼이 아니었다. 그녀는 가짜가 된 기분이다. 이제 클로이는 전처럼 모든 것을 멀쩡히 해낼 자신이 없다. 그녀가 느끼는 무능력과 무기력은 그녀에게 자신이 얼마나 가짜인지만 확인시켜줄 뿐이다.

천부적 천재형

일찍 성공한 사람 중에 이 유형의 사기꾼이 많다. 이들은 전도유망했던 성장 과정과 이어진 입신양명 과정에서 자신이 특별하게 타고났다고 믿게 됐을 가능성이 높다. 따라서 이 경우, 애써 노력해서 뭔가를 얻는 것은 자신이 가짜라는 뜻이 된다. 천부적 천재는 뼈를 깎는 노력을 기울이지 않고도 쉽게 뛰어난 성과를 내던 사람들이다. 예컨대 학창시절에 죽어라 공부하지 않았어도 성적이 좋았을 것이다. 이것이 그에게 '천재' 꼬리표를 달아줬다. 하지만 제대로 노력하지 않고 꾸준히 높은 수준의 성공을 이어갈 수 있는 사람은 드물다는 게 함정이다. 노력이 필요해지면 이 유형은 자신이 천재 흉내를 내는 가짜라고 생각한다. '남달리 노력해서 실적이 좋은 것뿐이라면 내가 남과 다를 게 뭐야?' 나는 타고난 천재가 아닌 것이다. 이 유형은 자신이 노력파가 아니라 '천부적' 천재여야 한다는 심리가 워낙 강해서 애써 노력하는 모습을 남부끄럽게 여긴다. 성공을 위해 안간힘을 쓰거나 뭔가에 전념하는 것은 자신이 사기꾼이라는 증명일 뿐이다.

천부적 천재는 사람이 초보자에서 전문가로 직행하기 어렵다는 사실도 좀처럼 받아들이지 않는다. 하룻강아지가 범이 되기 위해서는 거쳐야 할 단계가 많다는 것을 알지 못한다. 그는 모든 것을 흑백논리로, 이분법적으로 본다. 터무니없이 높은 기준을 세우는 면에서는 완벽주의자와 같지만, 차이가 있다면 완벽주의자는 거기에 도달하려고 스스로 노력에 노력을 거듭하는 것을 허용하는 반면(때로는 너무 오래 노력해서 탈이다), 천부적 천재는 노력이 따르는 일에는 쉽게 낙담하고 매사 일사천리로 성공할 것을 기대한다. 같은 맥락에서 이 유형은 남의 도움을 받는 것도 싫어한다. 천재는 혼자 해낼 수 있어야 한다고 믿는다. 뛰어나지 못할까 두려워 새로운 도전에 나서는 것도 꺼린다. 또는 너무 빨리 용기를 잃고 포기한다.

천부적 천재 사기꾼의 내적 규칙

나는 첫 번에 해내야 한다.

이건 내게 식은 죽 먹기여야 한다.

내가 진정한 천재라면 이 일이 이렇게 어려울 리 없다.

누워서 떡 먹듯 성공하지 않으면 나는 가짜인 거다.

열심히 해야 잘하는 것은 잘하는 것이 아니다.

케이스 스터디

제임스에게 성공은 늘 쉬운 것이었다. 학창시절에는 열심히 공부하지 않았어도 늘 우등생이었다. 사실 학교 시험 정도는 식은 죽 먹기였다. 그는 십대 때부터 부모의 인맥을 통해 다들 선망하는 회사의 인턴십을 어렵지 않게 따냈다. 덕분에 명문 대학에 진학해 정치학을 전공했고, 대학 첫 2년은 유유자적 순항했다. 학점은 학점대로 따면서 멋진 사교생활을 누리고 매력적인 여자들과 데이트도 꾸준히 했다. 모두들 그가 미다스의 손을 가졌다고 생각했고, 가족과 친구들은 그를 골든보이라고 불렀다. 인생이 아름다웠다.

그런데 대학 3학년이 되면서 상황이 달라졌다. 전공 과정 중에 독자적 연구 과제가 있었다. 제임스는 연구를 지원할 단체를 찾았지만, 마지막 순간에 일이 무산되면서 크게 당황했다. 그는 이 일을 매우 심각하게 받아들였고 의욕을 잃었다. 대체할 곳을 찾는 데 애를 먹었고 스트레스를 받기 시작했다. 이 일이 그의 학업에 영향을 미쳐 성적이 떨어지기 시작했다. 그는 자신이 가짜고 사기꾼이라는 생각이 들었다. 대학에 있어서는 안 되는 존재라는 생각마저 들었다. 자신은 모두가 생각하는 천재가 아니었다. 천재가 맞는다면 이런 문제들이 생길 리 없었다. 결국 실습지 문제를 해결하고 성적도 다시 정상 궤도에 올려놓았지만, 이제는 어릴 때부터 받아온 천재 평판이 부담스러웠다. 자신은 골든보이가 아니었다. 이렇게 공부가 버겁다니 이건 자신이 전공에 대한 소질도 없다는 뜻이고, 소질이 없으니 그 방면에서 성공할 리도 만무했다.

단호한 개인주의자형

이 유형의 사기꾼은 성공이란 모든 일을 혼자 해내는 것이라 믿는다. 팀으로 일하는 것을 싫어하는 것은 아니다. 다만 남의 도움이나 조언을 받게 되면 그것을 성공으로 보지 않는다. 이는 천부적 천재가 도움을 거절하는 양상과는 좀 다르다. 천부적 천재가 자신은 남들과 달라서 자력으로 성공할 수 있다고 믿는다면, 단호한 개인주의자는 남의 도움을 받으면 해당 결과를 자신의 성공으로 치지 않는다. '내 공이 아니야. 도움을 받았으니까.' 이 유형은 모든 것을 자기 공으로 돌릴 수 있어야 비로소 자부심을 느낀다. 도움을 받았는데도 칭찬이 따르면 사기꾼이 된 기분이다. 남의 도움이 필요한 상황이나 남들이 도움을 제공하는 상황이 생기면 세상이 자신에게 자체 해결 능력이 없다는 것을 알게 된다. 즉 도움을 청하는 것은 자기가 가짜임을 드러내는 일이다.

단호한 개인주의자의 내적 규칙 ▶

혼자 힘으로 해낼 수 있어야 한다.
남들이 도와주겠다고 하는 것은 그들이
내 허위성을 알아챘다는 뜻이다.
도움을 받는 것은 혼자서는 할 수 없다는 뜻이다.
단독 성공만이 성공이다.

케이스 스터디

마크는 광고회사 중역이다. 그에게 창의성은 곧 정체성이다. 그에게 눈부신 광고 캠페인 아이디어로 자신의 창의성을 입증하고 그것을 고객사에게 당당히 채택받는 것보다 더 큰 낙은 없다. 그의 발상들은 언제나 각광받는다. 그는 업계에서 내로라하는 크리에이티브로 명성이 자자하고, 칭찬은 그를 더 펄펄 날게 한다.

그런 마크에게 약점이 있는데, 그건 그가 팀으로 일하는 걸 싫어한다는 것이다. 하지만 광고 캠페인 기획·제작은 혼자 하는 작업이 아니라는 게 문제다. 그는 특정 고객사 전담팀의 일원으로 일한 경우, 해당 업적을 자신의 '스코어북'에서 빼버린다. 그의 스코어북에는 단독 성과만 올라간다. 그리고 스코어북의 명단이 길지 않으면 자신을 실패자로 느낀다. 하지만 아직도 다들 그를 놀라운 크리에이티브로 여긴다. 팀 세션에서 제일 먼저 아이디어를 제시하는 사람은 늘 마크이기 때문이다. 그의 업계 일인자 명성은 여전히 건재하다. 문제는 그가 그런 칭찬을 받을 자격이 없다고 느끼는 데 있다. 마크에게 일인자란 말 그대로 혼자 해낸 일로 평가받는 사람이지 공동 프로젝트를 잘하는 사람이 아니기 때문이다.

마크의 또 다른 약점은 어떤 경우에도 남의 도움을 구하려 들지 않는 것이다. 일을 하다보면 이래저래 힘들 때가 많지만, 그는 도움을 받으면 성공을 해도 성공이 아닐뿐더러 자신의 허위성만 드러내는 일이라고 생각한다. '내가 정말로 남들 생각만큼 위대한 크리에이티브라면 남의 도움 따위는 필요 없어야 하잖아.'

전문가형

이 유형의 사기꾼은 자기 분야에서 전문가로 통하지만 정작 자신은 이것을 과분한 평가로 생각한다. 전문가 사기꾼은 '전문성'에는 자신이 아직 넘지 못한(그리고 어쩌면 영원히 넘지 못할) 문턱이 있다고 생각한다. 그는 이 문턱을 도저히 넘어서지 못할 만큼 높이 설정한다. '전문가 소리를 들으려면 해당 분야나 주제에 대해 모르는 것이 없어야 해.' 하지만 한 사람이 모든 것을 알 수는 없으므로 그는 늘 기준 미달일 수밖에 없고, 이것은 사기꾼 기분으로 이어진다.

전문가 사기꾼은 전문가 자격을 입증할 요건을 잔뜩 갖추고 있으면서도 자신이 그것들을 요행수나 심지어 일종의 술수로 얻었다고 생각한다. 따라서 전문가로 언급될 때마다 그런 말을 들을 자격이 없다는 생각에 민망함과 위축감을 느낀다.

전문가 사기꾼은 진짜 전문가가 되어야 한다는 압박감에 공부나 훈련에 엄청난 시간과 자원을 투자한다. 그것도 점점 더 많이 투자한다. 물론 전문성 확보와 연구에 힘쓰는 것은 바람직한 일이다. 하지만 전문가 사기꾼은 거기에 강박적으로 집착한다. 그는 '하면서 배우는 것' 즉 경험적 학습을 믿지 않는다. 자신이 오랜 시간 쌓아온 전문지식에 믿음을 갖지 못하고 끝없이 자신을 부적격자로 느끼기 때문에 전문성 결여가 탄로 날까 봐 새로운 역할이나 승진을 꺼린다. 이런 사람은 예컨대 광고기획에 필요한 여섯 가지 조건 가운데 다섯 가지를 갖췄을 경우 그 자리에 지원하지 않는다. 심지어 '전문가 자격'이 충분해질 때까지 자기 기량을 사용하기를 거부하거나 주저한다. 그런데 그런 때는 영원히 오지 않는다. 자신이 세운 전문가 자격 기준이 비현실적으로 높기 때문이다.

단호한 개인주의자의 내적 규칙

전문가는 모름지기 모든 것을 알아야 한다.

나는 모든 것을 알지 못한다. 고로 나는 가짜다.

전문가가 될 때까지는 내 기량을 사용할 수 없다.

나는 자격 미달이다.

내가 정말로 똑똑하다면 이걸 몰랐을 리 없다.

도움은 청할 수 없다. 그건 내가 가짜라는 걸 드러낼 뿐이다.

나는 전문가여야 한다.

제대로 전문가 노릇을 하려면 더 많은 훈련이나 경험이나 기량이 필요하다.

나보다 남들이 더 많이 안다.

케이스 스터디

부동산 중개인인 비키는 최근 이 분야 '전문가'로 매스컴을 타기 시작했다. 지역 신문의 부동산 관련 기사에 대한 논평을 부탁받으면서 그녀의 매체 활동이 시작됐다. 이제 그녀는 정기적으로 다양한 전국·지역 매체에 출연해 주택 시세 분석부터 부동산 매물을 구매자가 혹하게 꾸미는 방법까지 다양한 주제를 논한다.

매체 출연이 영업에는 물론 굉장히 유리하다. 하지만 비키에게는 '전문가' 역할이 부담되고 그 부담이 날로 커진다. 사실 그녀는 자신을 전문가로 느끼지 못한다. 업계에 들어온 지 고작 3년밖에 되지 않은 자신에 비해 다른 사람들이 훨씬 더 '전문가'로 불릴 자격이 있다고 생각한다. 그들을 따라가기엔 자신의 경험이 너무 짧다는 생각에 사기꾼이 된 기분마저 든다. 라디오 인터뷰에서 칭찬을 들으면 이런 기분이 더 심해진다. 비키는 매체에 출연해서 한 발언들을 수없이 곱씹으며 애를 태운다. '내가 말을 제대로 한 걸까?' '나보다 경험 많은 사람이라면 더 훌륭하게, 더 일목요연하게 말하지 않았을까?'

이런 자격지심을 떨치려고 그녀는 인터넷에서 부동산에 관한 것을 닥치는 대로 읽는다. 반드시 모든 걸 알아야 한다는 강박에 사로잡혔다. 하지만 여전히 아는 게 부족하며 다 아는 건 영원히 불가능하다는 불안감만 커졌고, 이것이 사기꾼 기분만 굳혔다. 일에서는 '전문가'로 통하기 때문에 다른 사람에게 도움을 구하는 건 어림없는 일이다. 도움을 구하면 그녀가 사기꾼이란 걸 모두가 알아차릴 테니까. 그 대신 끝없이 강의를 듣고 훈련 프로그램에 참여한다. 남들은 이미 그녀를 전문가로 보기 때문에 그녀는 전문가가 되어야 한다.

나는 어떤 유형의 사기꾼일까?

● ○

다섯 가지 대표적인 사기꾼 유형을 차례로 살폈다. 본인이 어느 유형에 가까운지 파악하는 데 도움이 됐길 바란다. 유형별 설명 만으로도 이미 감이 오겠지만 아직 아리송하다면, 또는 짐작을 확인하고 싶다면 다음의 테스트를 이용해보자.

　다시 말하지만 이 테스트는 정식 진단도구는 아니다. 다만 내 게 사기꾼증후군 성향이 있다면 여러 사기꾼 양상 가운데 특히 어느 양상을 띠는지 이해하기 위한 것이다. 먼저 자신을 파악해 야 앞으로 이 책이 제시하는 사기꾼증후군 대처 방법과 전략을 유용하게 쓸 수 있다.

아래 서술이 본인에게 해당합니까? 해당하는 것에 동그라미 치세요.

뭔가를 했다 하면 100% 해내야 한다.	A
잘 해낼 수만 있다면 되도록 여러 역할(일)을 수행해야 뿌듯하다.	B
무언가를 첫 번에 해내지 못하면 포기하는 편이다.	C
남의 도움 없이 혼자 일하는 것을 선호한다.	D
남들이 내 전문분야라고 생각하는 일에 대해 사실 나는 충분히 알지 못한다.	E
실수가 있다면 실패한 거다.	A

인생은 공사다망해야 하고, 나는 여러 일을 능란하게 해낼 수 있어야 한다.	B
어떤 일에 애를 먹는다는 것은 거기에 재능이 없다는 뜻이다.	C
남의 도움이 필요하다는 것은 내가 무능하다는 뜻이다.	D
내 분야에 관한 모든 것을 알아야 하므로 끝없이 읽고 공부한다.	E
완벽하게 해내지 못하겠으면 아예 하지 말아야 한다.	A
사람들은 내가 그렇게 여러 가지 역할을 해내는 것에 환호한다.	B
열심히 노력해야 한다는 것은 거기에 소질이 없다는 뜻이다.	C
성공은 혼자 힘을 해냈을 때에만 해당한다.	D
남들이 나보다 훨씬 많이 안다.	E
일을 마무리하고 종료를 선언하기가 쉽지 않다.	A
사람들은 내가 그렇게 많은 일을 해내는 것을 놀라워한다.	B
내게 성공은 항상 쉽게 다가오는 편이다.	C
나는 혼자서 일하는 것에 익숙하다.	D
사람들은 내가 많이 아는 줄 아는데 그렇지 않다.	E
내가 성공한 일이면 그다지 어려운 일이 아니며 다른 누구라도 해냈을 일이다.	A
인생의 한 부분이라도 잘 흘러가지 않으면 패배자가 된 기분이다.	B
사람들은 나를 천재로 생각하는 것 같다.	C
아무 도움도 받지 않고 성공했을 때 더 큰 성취감을 느낀다.	D
내게는 사람들이 내게 있을 걸로 믿는 기량이 없다.	E

점수 내는 방법

동그라미 친 문자를 센다. 어느 문자가 가장 많은가? 아래 표가 내가 어떤 유형인지 말해준다. 두세 가지 유형에 걸쳐 있는 사기꾼도 많다는 점을 유념하자. 예를 들어 한 사람이 전문가 유형인 동시에 단호한 개인주의자 유형일 수도 있다.

대부분 A	완벽주의자형
대부분 B	슈퍼우먼/슈퍼맨형
대부분 C	천부적 천재형
대부분 D	단호한 개인주의자형
대부분 E	전문가형

뒷장들에서도 이 유형들이 계속 언급된다. 이제부터 사기꾼 증후군이 어떻게 발생하고 진행하는지 더 자세히 짚어보고, 어떻게 하면 사기꾼 기분, 즉 자기회의를 자기확신으로 바꿀 수 있을지 알아보자.

2장

무엇이 우리를 사기꾼으로 만드는가?

사회의 역할

1장에서는 (가정환경이나 생활환경 같은) 사기꾼증후군의 '전통적인' 유발 원인들을 살폈다. 이번 장에서는 사람들을 사기꾼 감정 (또는 가면 감정)에 빠져들게 만드는 사회적 영향과 심리적 이유에 주력한다. 오늘날 우리 사회에 사기꾼증후군이 이렇게 널리 퍼진 이유는 무엇일까? 이제부터 이 현상의 원인이 될 만한 요건들을 짚어본다. 그러자면 소셜미디어의 영향을 빼놓을 수 없다. 소셜미디어는 특히 사기꾼증후군 고위험군 중 하나인 밀레니얼 세대의 자존감에 불리한 영향을 미친다.

사기꾼증후군 유발 요인들을 이해하는 것은 우리에게 사기꾼 감정이 발생한 이유를 파악하고 그것이 개인의 잘못이 아니라는 것을 깨닫는 데 중요하다. 사기꾼증후군은 개인의 약점이나 결함이 아니다. 오히려 오늘날은 사회가 사기꾼증후군을 배양하고 조장한다고 보는 게 맞다. 현대인들이 사기꾼증후군을 이렇게 많이 앓는 것은 전혀 놀랄 일이 아니다.

이번 장에서는 사기꾼증후군의 원인들을 살펴보고, 3장부터는 집단별, 환경별(남자와 여자, 부모와 자녀, 직장인과 학생)로 사기꾼증후군을 들여다보고 사기꾼 심리를 극복하기 위한 전략과 요령을 알아본다.

자존감이 관건

● ○

사기꾼증후군의 근본 원인은 자존감과 자기확신과 자신감의 결핍이다. 사기꾼증후군의 성립 조건 자체가 자신을 부족하게 여기는 자기 평가절하 심리다(하지만 무엇에 또는 누구에게 부족하다는 걸까?). 이런 심리를 부르는 것이 바로 낮은 자존감, 자기확신 결여, 자신감 부족이다.

자기 평가절하 심리는 종종 어린 시절에 생겨나 '핵심믿음core belief'으로 내면화된다. 핵심믿음은 다른 사람들에게서 습득한 후 자신도 모르는 사이에 성격의 일부로 굳어지는, 스스로에 대한 신념 또는 가치관이라 할 수 있다.

자존감, 자신감, 자기확신의 차이는?

자신감self-confidence은 자신이 할 수 있거나 잘한다고 생각하는 것과 관계가 있다. 자기확신self-belief은 자신에 대해 사실로 믿는 바를 말한다. 이에 비해 자존감self-esteem은 자신의 특정 요소가 아니라 자신을 전체적으로 보는 방식과 관계가 있다. 자존감은 스스로에게 부여하는 인정, 호평, 가치를 가리킨다. 자존감이 낮으면 자신을 부정적으로 생각할 수밖에 없다.

예를 들어, 100미터 달리기에서 이길 자신이 없는 사람을 생각해보자. 그는 100미터 달리기에 대한 자신감이 없다. 이때 그의 자기확신은 '나는 달리기에 크게 소질이 없다'다. 하지만 이것이 딱히 그의 자존감에 상처가 되지는 않는다. 비록 달리기는 못하지만 그는 여전히 자기 자신을 긍정적으로 생각한다. 이 경우 달리기 실력은(또는 그것의 결여는) 그가 착하고, 밝고, 가치 있는 사람이라는 점에 전혀 영향을 미치지 않는다.

그런데 누군가에게는 그것이 자존감에 상처를 낼 수도 있다. 달리기 실력이 자기가치self-worth에 필수라고 생각하는 사람이라면 그렇다. 그런 사람의 정체성은 탁월한 달리기 실력과 깊이 엮여 있다. 운동선수 출신이라면 그럴 수 있다. 이 경우 달리기에서 진 것이 자신은 무가치한 사람이라는 자괴감을 안기고, 이것이 자존감에 부정적인 영향을 미친다.

자존감은 두 부분으로 구성된다. 하나는 '전반적 자존감' 또는 '특성 자존감trait self-esteem'이다. 이것은 꽤 안정적이다. 다른 하나는 '일시적 자존감' 또는 '상태 자존감state self-esteem'이다. 이것은 그때그때의 상황에 따라 달라진다. 예를 들어, 특성 자존감이 높은(전반적으로는 자신을 긍정적으로 생각하는) 사람도 파티에 갈 때의 상태 자존감은 낮을 수 있다(파티 상황에서는 자신이 싫을 수 있다).

물론 누구나 때로 자기회의를 겪고 자신감을 잃는다. 사실 자신감 과잉도 문제다. 근거 없는 자신감을 일컫는 전문용어도 있다. 더닝-크루거 효과Dunning-Kruger effect. 이는 인지편향 중 하나로, 자신의 무지와 무능을 인지하지 못하거나 인정하지 않고 환영적 우월감을 가지는 것을 말한다(이 점에 대해서는 121쪽에 더 나온다).

'근거 없는 자신감'도 문제지만, 지속적 자존감 결여는 결코 건강한 상태라 할 수 없다. 낮은 자존감은 열등감, 절망감, 비애감, 우울증을 부르고, 심한 경우 자살 성향으로 이어진다.[1] 또한 여러 연구에 따르면 사기꾼증후군과 밀접한 관계가 있다.

낮은 자존감과 사기꾼증후군의 인과관계는 뚜렷하다. 자신에 대해 부정적인 견해를 가진 사람은 자신이 하는 일을 모두 미흡하게 여긴다. 그 믿음에 반하는 증거가 나오면 그는 인지부조화(31쪽 참고)를 겪는다. 즉 자신에 대한 두 가지 서로 반대되는 믿음과 씨름한다. 이 불편한 감정을 해소하려면 두 가지 신념(또는 인식) 중 하나를 바꿔야 한다. '나는 부족하다'라는 '핵심믿음'을 바꾸거나, '내가 충분하다는 증거가 있다'는 현실 인식을 바꾸거나. 핵심믿음은 바꾸기가 굉장히 어렵기 때문에, 십중팔구 '내가 충분하다는 증거가 있다'는 인식을 '그 증거는 믿을 수 없다'로 바꾸게 된다. 이것이 앞서 1장에서 설명한 사기꾼 행동이다. '내가 성공한 건 그냥 운이 좋았기 때문이야. 그러니까 나는 사기꾼

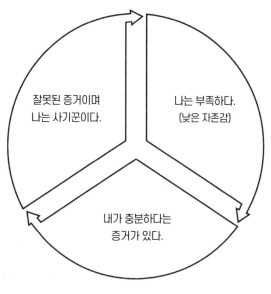

낮은 자존감 안에 들어있는 텍스트:

잘못된 증거이며
나는 사기꾼이다.

나는 부족하다.
(낮은 자존감)

내가 충분하다는
증거가 있다.

낮은 자존감 — 사기꾼증후군 순환

일 뿐이야.'

그런데 사기꾼증후군이 낮은 자존감 때문이라면, 애초에 자존감 결핍을 야기하는 것은 무엇일까? '나는 부족하다'는 핵심 믿음이 생기게 되는 이유는 많다. 여러 요인 가운데 일부를 소개하자면 다음과 같다.

- **못마땅해하는 부모나 윗사람** — 부족하다는 평가를 받으며 자라면 부정적 핵심믿음을 내면화할 가능성이 높다. 못마땅한 반응이 인생의 특정 측면(이를테면 수학 실력이나 외모)

에만 집중된다 해도 이것이 다른 영역들로 일반화되기 쉽다. 다시 말해 '나는 수학을 못해'가 '나는 아무것도 잘하는 게 없어'가 된다.

- **과잉통제 부모**—과보호 부모의 아이는 혼자서는 아무것도 하지 못하는 사람으로 자라고, 이는 자존감 결여로 이어진다. 최근 영국 대학생들을 대상으로 설문조사를 시행한 결과, 과잉통제/과잉보호 부모를 두었다고 응답한 사람들에게서 자신을 사기꾼으로 생각하는 성향이 높게 나타났다.[2] 2006년 호주에서 다양한 직군을 대상으로 설문조사를 했을 때도, 사기꾼 척도에서 점수가 높은 사람들 중에 과보호 아버지를 둔 경우가 많았다.[3] 과보호 부모의 자녀는 그렇지 않은 경우보다 자신의 성공을 본인 능력이 아니라 부모의 개입 덕분으로 돌리고, 따라서 칭찬을 받았을 때 사기꾼 감정을 느낄 가능성이 높다.

- **양육자의 관심 부족**—부모 등 양육자로부터 충분한 관심이나 보살핌을 받지 못하고 자라는 아이는 자신은 관심을 받을 자격이 없으며 자신이 하는 일도 그게 뭐든 주목받을 가치가 없다는 생각을 하게 된다.

- **따돌림의 경험**—어릴 때 따돌림이나 집단 괴롭힘을 당한 경험은 아이의 자존감 형성에 몹시 해롭다. 특히 주변에 '너는 괜찮아'라는 신호를 강하게 보내서 가해 집단에게서

받는 '너는 후졌어'라는 메시지를 상쇄해줄 사람들이 없는 경우에는 더욱 그렇다.

- **성적 부진** — 학교에서 열등생이면 '나는 못난 애'라는 생각을 키우기 쉽고 이는 아이의 자존감에 부정적 영향을 미친다. 성적이 나쁘거나 학습지도를 추가로 받아야 하는 상황은 '너는 부족하다'는 메시지를 보낸다. 다른 장점들보다 학업 성취도가 중요하게 여겨지는 교육 환경에서는 특히 그렇다.

- **종교적 신념** — 죄의식을 가지고 자라는 아이들은 때로 자신이 신의 사랑을 받을 자격이 없다고 믿는다.

- **적대적 비교** — 형제자매, 친척, 또는 또래 친구들과 비교당하는 과정에서 얻은 상처가 자존감에 불리하게 작용한다.

- **사회적 비교** — 비교 주체가 남이 아니라 자기 자신일 때도 있다. 사회적 비교social comparison는 자신의 능력 등을 남들과 비교해서 이를 토대로 자신을 평가하는 것을 말한다. 해로운 사회적 비교의 배후에 거대하게 자리하고 있는 것이 소셜미디어다. 소셜미디어는 사회적 비교의 거대 엔진이다. 소셜미디어의 작용에 대해서는 이번 장 후반에 논한다.

- **외모** — 외모는 건강한(또는 해로운) 자존감 형성에 매우 중요한 요인이다. 외모 열등감이 있는 사람은 '나는 외모가 별로다'를 '나는 별로다'로 해석하기 쉽다.

- **학대** ─ 학대 피해 아동은 자신이 부족한 아이라서 부당한
  대우를 받아 마땅하다는 잘못된 인식을 가지고 자랄 위험
  이 있다. 학대를 겪는 어른 역시 마찬가지다.

자존감 문제는 나중에 육아와 관련해 자녀가 사기꾼증후군
을 겪을 위험을 최소화하는 방법을 다룰 때 다시 이야기하기로
하자.

귀인 편향과 사기꾼증후군

● ○

앞서 논한 요인들 모두 사기꾼증후군에 빠지는 경로가 되는 사
고방식, 다른 말로 생각회로thinking patterns를 형성할 수 있다. 이
는 심리학에서 귀인 편향attribution bias이라고 부르는 사고방식
과 관계가 있다.

귀인 편향은 어떤 상황의 이유를 찾을 때 우리가 자주 저지르
는 실수나 자주 적용하는 편견을 일컫는다. 우리는 자신과 타인
의 행동, 결정, 성공과 실패의 원인을 끊임없이 분석한다. 이는
세상을 이해하려는 인간의 본능에 따른 것이다. 귀인 편향이 작
동하는 예를 들어보자. 취업 면접을 망쳤다 치자. 제대로 준비하
지 못한 자신을 탓할 수도 있고(이렇게 자신에게서 원인을 찾는 것을

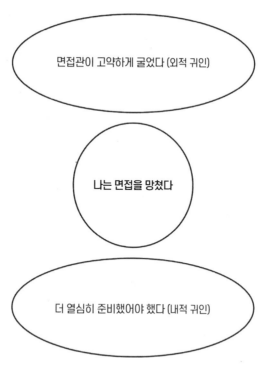

면접관이 고약하게 굴었다 (외적 귀인)

나는 면접을 망쳤다

더 열심히 준비했어야 했다 (내적 귀인)

결과의 원인을 찾는 방법: 내적 귀인과 외적 귀인의 예

내적 인과라고 한다), 어려운 질문을 퍼부은 면접관을 탓할 수도 있다
(이렇게 자신이 아닌 타인이나 바깥상황에서 원인을 찾는 것을 외적 인과
라고 한다).

　물론 때로는 내적 귀인이 맞고 때로는 외적 귀인이 맞다. 그
런데 만약 모든 일을 외적 귀인으로만(모두 남 탓), 또는 내적 귀
인으로만(모두 내 탓) 해석하는 경향을 보인다면? 이때는 생각회

로가 유익하지 못하게 치우쳐 있다고 할 수 있다. 이것은 생각 오류다.

우리는 타인의 행동과 문제적 상황의 원인을 해명하려 애쓰는 과정에서 여러 종류의 생각 오류들을 범한다. 이를 귀인 오류 attribution errors라고 한다.

사기꾼증후군을 유발하는 귀인 오류는 무엇일까? 앞서 설명한 내적 인과와 외적 인과의 적용 방식에서 찾을 수 있다. 사기꾼증후군 성향이 없는 사람들은 잘한 일은 자신의 덕으로 돌리고 (성공의 원인으로 자신의 기량이나 능력이나 노력을 꼽는다), 못한 일은 남의 탓(자신이 통제할 수 없는 외부 요인들)으로 돌린다. 예를 들어보자. 우리는 운전면허시험에서 떨어지면 으레 시험방식이나 시험관을 탓하지만 붙었을 때는 성공의 영광을 열심히 연습한 자신에게 바친다. 이렇게 '잘 되면 내 탓, 못 되면 남 탓' 접근법을 '자기본위편향self-serving bias'이라고 부른다.

성공의 원인		실패의 원인	
비非사기꾼	사기꾼	비非사기꾼	사기꾼
나는 내 노력이나 기량으로 성공했다. (내적 귀인)	나는 내 노력이나 기량과는 아무 상관없는 이유로 성공했다. (외적 귀인)	내가 실패한 것은 내 잘못이 아니다. (외적 귀인)	내가 실패한 것은 내 잘못이다. (내적 귀인)

그런데 사기꾼증후군의 경우는 이와 반대다. 사기꾼은 성공하면 행운이나 타인의 실수처럼 자신의 통제 밖에 있는 외부 요인의 덕분으로 돌리고, 실패하면 자신의 탓으로 여긴다('더 열심히 해야 했어').

내적 귀인과 외적 귀인 외에, 우리가 행동이나 결과의 원인을 찾을 때 적용하는 것이 두 가지 더 있다. 하나는 결과의 가변성 여부, 다른 하나는 통제 가능성 여부다.

불변성	다음번에도 결과는 같을 것이라고 생각할 때. '내가 아무리 열심히 노력해도 소용없어. 어차피 난 떨어질 테니까.'
가변성	다른 경우에는 결과가 달라질 것이라고 생각할 때. '열심히 하면 다음번엔 성공할 거야.'

통제 가능	내가 원한다면 결과를 바꾸거나 결과에 영향을 미칠 수 있다고 생각할 때. '인터뷰 준비를 잘 하면 기회가 올 거야?'
통제 불가능	결과를 쉽게 바꿀 수 없다고 생각할 때. '내가 준비를 해서 가든 말든, 결과는 순전히 면접관이 어떤 질문을 하느냐에 달려 있어.'

사기꾼은 성공의 이유를 불변적이고 외적이고 통제 불가능한 요인으로 간주하는 경향이 있다. 예를 들면 이렇다. '내가 승진한 건 순전히 운이야(외적 귀인). 나는 승진할 깜냥이 아니고 앞으

로도 마찬가지야(불변적 귀인). 승진은 내가 어쩔 수 있는 게 아니야
(통제 불가 귀인).'

개인의 귀인 스타일은 청소년기 초반에 형성된다. 보통 이 시기에 특정 행동들을 일반화하고, 자기가치를 형성하고, 사회적 비교를 하기 시작한다. 아이들은 그때까지의 경험을 토대로 상황을 추론하는 법을 익히고 실행한다. 특히 부정적 인생 경험이 크게 작용한다. 이 학습 과정은 아이의 성격 같은 내적 특징과 부모의 양육 방식 같은 외적 특징들 모두에 영향을 받는다.

예를 들어, 부모가 아이에게 일어난 긍정적인 일을 외적 귀인으로 해석하면('백일장에서 상을 타다니 너 진짜 운이 좋았구나!'), 그걸 들은 아이는 그 귀인 방식을 내면화하고 자신도 그 방식을 따른다. 연구 결과도 부모가 아이에게 가하는 언어적 비판과 아이가 부정적 사건에 대해 자기비난성 해석을 하는 경향('이렇게 나쁜 일이 생긴 건 내 탓이야') 사이에 연관성이 있음을 보여준다. 아이가 자라면서 이런 귀인 방식을 내면화, 규준화하고, 이런 경향이 결국 불변적이고 부정적인 귀인 방식으로 굳어진다.

그런데 사기꾼증후군을 앓는 사람은 부정적 사건들을 자기 탓으로 돌리는 데 그치지 않고, 긍정적 사건들에 대해서 외적 귀인을 적용한다. 이는 아이가 성장하면서 예상 밖의 성공들에 대한 설명을 찾을 때 일어난다. 예를 들어 가족에게 딱히 명석한 아이라는 기대를 받지 않던 아이가 학업에서 성과를 낸 경우 아

이는 성공의 이유를 내적 요인보다는 외부 요인에서 찾게 된다
('이건 내 머리가 좋아서가 아니라 운이 좋았기 때문이야').

소셜미디어의 작용

● ○

앞서 언급했지만 우리 중 약 70%가 사기꾼증후군을 평생 한 번
이상 경험한다. 거의 팬데믹 수준이다. 오늘날 소셜미디어에 의
해 즉각적이고 지속적으로 일어나는 사회적 비교가 여기에 엄
청난 역할을 한다. 실제로 사람들의 62%가 SNS 때문에 자신의
삶이나 성과가 보잘것없게 느껴진다고 말한다.[4]

물론 소셜미디어는 많은 혜택을 제공하는 좋은 플랫폼이다.
하지만 순기능이 큰 만큼 그 문제점도 엄청나다. 소셜미디어가
사기꾼증후군을 부추기는 방식은 대표적으로 다음과 같다.

SNS 이용자는 자기 삶의 하이라이트만 올린다

소셜미디어의 가장 큰 문제점은 거기서 우리는 남들의 삶과 일
의 멋지고 화려한 면들만 볼 뿐, 평범하거나 비참한 면들은 없다
는 것이다. 최근 연구에 따르면 페이스북을 많이 이용하는 사람
은 남들은 자신보다 행복하고 성공적인 삶을 산다고 믿는 경향
을 보인다. 그 남들이 오프라인에서는 모르는 사람들일 때는 이

성향이 더 강하게 나타난다.[5] 이는 소셜미디어 이용자의 60%가 친구들의 삶에 질투를 느낀다고 답한 것과 무관하지 않다.[6] 멋지게 보이고 싶은 것은 인지상정이다. 이 욕구가 소셜미디어라는 가상공간에서 폭발하고, 가상공간이 제시하는 성공의 기준점은 비상식적으로 높다. 이용자들이 앞 다투어 자신이나 자녀의 성공을 과시하는 양상을 보면 가상공간에서는 평균 이하는커녕 평균도 발붙일 곳이 없어 보인다.

하지만 한번 생각해보자. 모두가 그렇게 특별할 수는 없다. 특히 시종일관 특별한 사람은 아주 드물다. 우리는 그저 남들의 특별함을 넋 놓고 보면서 자신의 평범함을 절감한다. 하지만 사기꾼증후군은 자격지심으로 끝나지 않는다. 사기꾼증후군은 자신을 가짜로 여기는 자기부정 감정이다. 더구나 과시적인 게시물을 올리는 사람들도 그걸 보는 사람들만큼 아니 오히려 그들보다 더 고통을 겪을 수 있다.

멋진 삶을 자랑하는 게시물 하나의 뒤에는 (절대 게시되지 않는) 멋지지 못한 장면이 백 개는 있을 것이다. 다시 말해 게시자는 완벽한 사람이 아니라 본인이 생각하는 완벽함의 이미지를 공들여 쌓는 사람이다. 다른 사람은 몰라도 게시자 본인은 그것이 자신의 실제가 아님을 안다. 연구에 따르면 페이스북 이용자는 자신과 남들 사이의 괴리뿐 아니라 자신과 자기 프로필 사이의 괴리 때문에 우울감을 겪는다.[7] 자신의 실제가 자신이 만든 디지털 환상에 부합하지 못할 때 이용자는 사기꾼이 된 기분에 빠진다. 자신이 사기치고 있다고 느낀다. 그가 하는 일은 사실 사기나 다름없다. 그는 삶의 좋은 모습만 편집하고 포토샵으로 꾸며서, 보는 사람들로 하여금 그가 멋진 삶을 살고 있다고 생각하게 만든다. 그는 물론 이게 현실 왜곡이라는 것을 알고, 따라서 사기꾼 감정에 빠진다. 이런 허상과 현실의 부조화를 폭로하고 나선 사람이 있었다. 에세나 오닐Essena O'Neill은 2015년 18세의 나이에 인스타그램에서만 60만 명 이상의 팔로어를 거느린 소셜미디어 스타였다. 그런데 그녀는 어느 날 갑자기 활동 중단을 선언하고 자신의 소셜미디어 계정을 모두 삭제했다. 그녀는 SNS에 전시한 자신의 모습은 '작위적인 완벽함'이었으며, 그 모습을 만들기 위해 매번 몇 시간씩 치장해야 했고, 이런 속임수 때문에 사실은 몹시 불행했다고 고백했다.[8]

성공을 거두기까지 있었던 노력과 발버둥은 얼버무린다

소셜미디어는 개인이 자신을 브랜드화해서 세상에 내보이는 통로가 됐다. 이용자들은 자신의 성과는 크게 부풀리고, 거기에 들어간 노력과 고생은 작게 받아들이는 경향이 있다. 이는 1장에서 설명한 천부적 천재형 사기꾼증후군과 닿아 있다(54쪽 참고). 친구가 올린 게시물에는 그가 창조한 멋진 작품은 있어도 그것을 완성하기까지 실패한 12번의 시도는 없다. 자신도 뭔가 창의적 일에 손댔다가 첫 번에 끝내주는 결과물이 나오지 않으면 자신은 페이스북 친구 같은 재능이 없다고 판단하고 지레 포기하기 쉽다.

엄청나게 다양한 사람들과 사회적 비교가 가능하다

인간에게는 자신을 남과 비교하는 기본 욕구가 있다. 미국 심리학자 리언 페스팅어Leon Festinger, 1919~1989가 1950년대에 제시한 '사회적 비교 이론social comparison theory'에 따르면 남들과의 비교우위와 비교열위를 따져서 나의 진전과 성공을 평가하는 것은 인간의 자연스러운 본능이다. 사회적 비교는 다양한 목적으로 사용된다. 제휴욕구affiliation needs 충족(인맥 형성과 유지), 자기평가(자신이 잘하고 있는지 판단할 근거 제시), 의사결정(남들의 견해 수집), 영감 받기(남의 집 실내장식을 참고하기) 등.[9]

소셜미디어와 인터넷은 물론이고 싸고 효율적인 이동수단이 없던 더 옛날을 생각해보자. 그때는 거주지가 교제의 범위였고, 거주지는 비슷한 생활수준과 생활방식을 가진 사람들로 이루어진 공동체였다. 이웃의 집도 내가 사는 집과 많이 다르지 않고, 여가활동도 양육방식도 서로 비슷했다. 아이들은 같은 학교에 다녔고, 어른들은 같은 제분소나 공장에서 일했다. 당시에는 생각이 비슷한 사람들끼리 판단의 기준이 되는 사회적 지표들을 공유했다. 물론 당시 사람들도 계급 차이를 인지하고 있었다.

도시 반대편 대저택에 자신들과는 전혀 다른 삶을 사는 부자들이 있다는 것을 알고 있었다. 하지만 이때는 사회적 비교가 미약했다. 유명인사와 왕족과 스타 영화배우가 얼마나 화려한 삶을 사는지 대중이 알고는 있었지만, 그들의 삶은 대중의 삶에서 워낙 멀리 떨어져 있었다. 대중이 지근거리에서 자신과 가장 많이 비교하는 대상은 어차피 자신과 별반 다르지 않은 비슷한 사람들이었고, 따라서 사회적 비교가 상대적 박탈감을 많이 초래하지 않았다.

하지만 오늘날은 딴판이다. 우리는 페이스북, 인스타그램, 트위터를 통해 우리의 삶을 과거에는 상상도 못 했을 만큼 다양한 사람들과 비교할 수 있게 됐다. 현대에 들어와 폭발적으로 늘어난 유명인들부터 우리보다 형편이 좋은 친구와 지인과 동료에 이르기까지 모두가 우리의 비교대상이다. 이전에는 만날 일도 접촉할 일도 없었던 사람들의 생활방식이 이제는 우리 눈앞에 끊임없이 펼쳐진다.

우리는 셀 수 없이 많은 사람들을 상대로 우리의 삶을 비판적으로 비교한다. 연구에 따르면 우리 중 88%가 페이스북을 통해 사회적 비교에 관여하고, 놀랍게도 이 사회적 비교의 98%가 상향 비교 형태로 일어난다.[10] 상향 비교는 나보다 우월한 처지에 있고 긍정적인 특징들을 가졌다고 믿는 사람과 비교하는 것이고, 하향 비교는 반대로 나보다 열등한 처지에 있고 부정적인 특징들을 가졌다고 믿는 사람과 비교하는 것이다. 소소한 성공에도 행복과 보람을 느끼며 살다가도, 소셜미디어에서 나보다 '잘난' 사람들의 성공을 접하면 갑자기 내 성공은 하찮아진다. 내 성공은 갑자기 가짜가 되고, 한때나마 성취감에 젖어 성공한 척 했던 나는 사기꾼이 된다. 진짜에 비하면 우리는 거짓에 지나지 않는다.

사회적 비교는 즉각적이고 널리 퍼져 있다

소셜미디어 때문에 사회적 비교에서 벗어날 길은 없다. SNS를 완전히 끊어버리지 않는 한 우리는 남들이 본인의 좋은 모습만 편집하거나 실제보다 좋게 연출한 게시물에 끝없이 노출된다. 낙숫물이 바위를 뚫는다고, 이런 만성적인 노출은 디지털 혁명 이전 세대가 경험했던 간헐적인 사회적 비교보다 해로울 수 있다. 예전에는 부유층의 삶을 일간지에서 읽더라도 다음날 새로운 신문이 도착할 때까지 더는 생각하지 않고 각자 일상에 집중할 수 있었다. 하지만 현대인은 뉴스피드를 끝없이 업데이트하고 인터넷에 줄곧 접속해 있기 때문에 사회적 비교가 숨 쉬듯 지속적으로 일어난다. 어느 자료에 따르면 현대인은 휴대폰을 평균 12분에 한 번씩 확인한다. 35세 미만은 평균 8.6분에 한 번씩 확인한다.[11]

동류집단 찾기

소셜미디어의 특성 중 하나가 자신의 견해와 취향과 생활방식을 승인받으려는 현대인의 심리를 지원한다는 것이다. 사람들은 자신이 사회로부터 얼마나 인정받고 있는지를 자신의 게시물이 받은 '좋아요' 수나 '리트윗' 횟수로 판단한다. 이 현상이 '허영인증vanity validation'이라는 용어를 낳았다. 낮은 인증은 자존감을 낮추고, 자존감이 낮은 사람은 자신의 게시물이 충분한 인증을 받지 못할 때 부정적인 영향을 받는 정도가 더 심하다. 이는 악순환을 낳는다. 설상가상으로 소셜미디어에서는 나뿐 아니라 남들이 받는 인증도 쉽게 확인할 수 있다. 소셜미디어가 없던 시절에는 결코 가능하지 않았던 일이다. 오늘날 우리는 자신의 관계망에 얼마나 많은 사람들이 있는지(또한 자신이 얼마나 많은 '좋아요'와 댓글과 리트윗을 받는지) 한눈에 볼 뿐 아니라 동시에 다른 사람들의 그것까지도 훤히 본다. 이 상호작용이 성공의 척도가 된다. 소셜미디어에서 인증을 받을수록 그 사람은 인기 많고 사교적이고 성공한 사람으로 인식된다. 그리고 소셜미디어에서 그런 사람을 많이 볼수록 내 비교열위만 굳어진다.[12]

밀레니얼 세대가 받는
사회적 기대와 사기꾼증후군

● ○

Y세대라고도 불리는 밀레니얼 세대는 1980년대 초반에서 1990년대 중반 사이에 태어나 21세기 초에 성년을 맞고, 생애 초기에 아날로그에서 디지털로 이행하는 정보통신기술의 격변기를 겪은 인구집단을 말한다(Y세대는 인터넷과 이메일이 이미 보편화된 세상에서 사회생활을 시작한 첫 세대다). 이들이 사기꾼증후군에 가장 취약한 집단으로 꼽힌다. 거기에는 디지털기술의 혁신과 소셜미디어의 약진에 따라 사회적 압력과 사회적 비교가 크게 늘어난 이유도 있지만 이들 부모의 영향도 크다.[13]

직전 세대와 달리 밀레니얼 세대는 부모의 전폭적인 지원과 아낌없는 칭찬을 한 몸에 받고 자란 이른바 '트로피 키즈trophy kids'다. 이들은 금이야 옥이야 자라면서 참가만으로도 상을 타던 어린 시절을 보냈다. 약한 자존감으로는 버티기 힘든 사회가 어떻게든 자식의 기를 세우려는 극성 부모를 낳았기 때문이다. 그 결과, 무슨 상이라도 하나 받으려면 죽어라 노력해야 했던 부모 세대와 달리, 지금의 40세 이하 청년층은 매우 적은 노력으로 또는 아무 노력 없이 트로피나 메달을 한 아름씩 건질 수 있었다. 이것이 최근 신문보도에서 밀레니얼 세대가 현실세계에 적응하는 데 애를 먹는다는 한탄이 흘러나오는 이유다. 이들은

'꼴찌에게도 메달을 주는' 문화 속에서 컸다.[14]

이 문화는 밀레니얼 세대에게 엄청난 혼란을 불러일으킨다. 한편으로는 존재 자체가 성공이라는 말을 들으며 그걸 증명하듯 쉽게 상을 타며 자랐지만, 다른 한편으로는 그 트로피들이 이들의 허위성을 말하는 증거가 된다. 그들의 부모가 요구하는 진짜 성공은 이런 '참가상'이 아니다. 미국심리학회American Psychological Association는 이 현상이 사기꾼 감정에 빠질 위험을 높인다고 경고한다.[15] 밀레니얼 세대는 사기꾼증후군과 더불어 성장한다 해도 과언이 아니다.

결과적으로 밀레니얼 세대는 자기 입증 부담을 가장 많이 느끼는 세대가 됐다. 〈타임Time〉지에 따르면 밀레니얼 세대는 앞선 두 세대, 즉 베이비부머 세대(제2차 세계대전 후 20년 동안 태어난 사람들)와 X세대(1960년대 중반부터 1980년대 초반까지 태어난 사람들)보다 자격지심이 심하다.[16] 밀레니얼 세대와 사기꾼증후군의 연결고리는 대물림될 수 있다. 다음 세대(Z세대?)에는 무슨 일이 있을지 어떻게 알겠는가? 그들도 '사기꾼 세대'가 될지, 아니면 사기꾼증후군에 대한 인식 확대가 그들에게 보호망이 되어줄지는 아직 두고 볼 일이다.

지금까지 어떤 사람이 사기꾼증후군에 유난히 취약한지, 사기꾼증후군에는 어떤 유형이 있는지 살폈다. 이제 인구학적 집단별로 사기꾼증후군에 대한 취약성과 유행성을 알아보자.

3장

직장의 여자들

증후군의 탄생

사기꾼증후군은 애초에 직장여성들의 심리 문제에 관한 개념이었고,[1] 그 후에도 꾸준히 여성과 밀접하게 연관됐다. 이렇게 처음에는 여자들에게 나타나는 증후군으로 여겨졌지만 실은 남자들도 많이 걸린다(남자들의 사기꾼증후군은 다음 장에서 논한다). 사실(사기꾼증후군이 처음 논의되기 시작했던) 1970년대의 주장, 즉 여성이 남성보다 사기꾼증후군을 더 경험한다는 말을 뒷받침하는 실질적 데이터는 찾기 힘들었다. 다만, 이번 장에서 차차 살펴보겠지만, 직장에서 남자들보다 여자들이 상대적으로 자신감이 떨어지고(특히 남성주도형 산업에서 그렇다), 같은 일을 하는 남자들보다 적게 버는 현실을 보여주는 자료는 많다. 어쨌든 남자들 사이에서도 사기꾼증후군의 심각성이 점점 커지고 있는데 그 문제는 다음 장에서 이야기하기로 하고, 지금은 여자들이 경험하는 사기꾼증후군의 양상과 여자들이 사기꾼증후군에 취약한 이유에 집중하기로 한다.

직장여성들 사이에 흔한 사기꾼증후군

● ○

사기꾼증후군에 대한 논의는 항상 여자들을 중점적으로 다룬다. 남자에 비해 여자가 부각되다보니 마치 사기꾼증후군이 거의 여자들만 앓는 병인 것처럼 느껴질 정도다. 인디애나주 사우스 벤드 노터데임 대학교University of Notre Dame의 사회학자 제시카 L. 콜렛Jessica L. Collett 교수도 이렇게 주장했다. "남녀 모두 사기 꾼증후군에 걸리는데 여자가 남자보다 증세가 심하다. (…) 또한 여자가 남자보다 빈번하게 사기꾼 기분을 느끼며" 거기에 더 지장을 받는다.[2] 하지만 이런 남녀 차이를 뒷받침하는 확실한 자료를 찾기란 놀랄 만큼 어렵다.

얼마간의 근거를 제공하는 연구가 하나 있기는 하다. 기술직 근로자들을 조사했는데 여성 응답자의 50%가 사기꾼증후군을 자주 경험한다고 답했다. 남성 응답자의 39%에 비하면 높은 수치다.[3] 하지만 이들은 남성지배적인 분야에서 일하고 있기 때문에 이 데이터가 평균적 근로자들을 제대로 대변한다고 보기는 어렵다. 앞서 1장에서 언급한 것처럼, 자신의 젠더가 소수집단인 분야에서 일하는 사람들은 사기꾼증후군에 보다 취약한 경향을 보인다.

오랫동안 사기꾼증후군은 여자들의 '최대 직장 불안증'이었고,[4] 어쩌면 지금도 그렇다. 구글 검색창에 사기꾼증후군을 치면 기사 수백 개가 우르르 뜨는데 대개는 여자들에 대한 내용이다. 사기꾼증후군을 여자들이 직위와 보수 면에서 직장 내 양성평등을 이루지 못한 (부분적인) 이유로 보는 사람들이 많다. (심지어 지금도 영국에서 연봉 15만 파운드 이상을 받는 사람 가운데 여자는 고작 12%에 불과하다.)[5]

여성 직장인 중에서도 특히 사기꾼증후군 고위험군으로 분류되는 사람들이 있다. 성공한 기업가나 경영인, (과학기술 분야처럼) 남성지배적 분야에서 일하는 사람, (리더나 관리자처럼) 전통적으로 남자의 역할로 인식되던 자리에 있는 이들이 거기 속한다. 페이스북 COO 셰릴 샌드버그는 여성 직장인을 다룬 자신의 책 《린 인Lean In》에 이렇게 썼다. "엄청난 성과를 내고 높은 자리에 올라도 (…) 여자들은 자신의 본모습을 들키는 것, [다시 말해] 실제 기량이나 능력이 변변찮은 사기꾼으로 밝혀지는 것은 시간문제라는 불안감을 떨쳐버리지 못하는 듯하다."[6] 이 불안감은 다음과 같은 인식과 감정으로 이어질 수 있다.

- 나는 여기 있을 자격이 없어. 또는 나는 여기에 어울리지 않아.
- 나는 여기 있는 나머지와 달라.
- 나는 다른 여자들과 달라.
- 내가 여기 있는 유일한 이유는 회사의 '포괄주의 원칙'에

따라 여자 직원이 필요했기 때문이야.

- 내가 여기서 뭘 하는 걸까. 나는 능력 부족에 자격 미달인데. (아무도 눈치 채지 않기만 바랄 뿐이야.)

다음의 세 가지 케이스 스터디는 여성 직장인 중에서도 특히 사기꾼증후군에 취약한 세 가지 '고위험군'의 이야기다.

사업가

미국 비즈니스 전문지 <안트러프러너Entrepreneur>의 2017년 온라인 기사 중 하나에 따르면 "현재 비즈니스 세계는 사기꾼증후군의 사례들로 넘친다. 이 세계는 체계가 없고 스트레스가 심하고, 서로 원자화돼 있다. 자기회의와 불안감이 창궐할 최적의 환경이라 할 수 있다."[7] 기업의 세계는 가혹하지만 그 세계의 여성들에게는 더욱 지옥이다. 영국 런던경제대학 산하 글로벌 기업가정신 연구Global Entrepreneurship Monitor에서 2009년 성인 3만 명을 대상으로 실시한 설문조사를 보면 특히 여자들 사이에 실패에 대한 공포가 많아진 것을 알 수 있다.[8] 29세에 홈 메이드 잼과 처트니 제조업체의 대표인 르네의 경우가 이 현실을 제대로 반영한다. 여성들이 사업에 뛰어들고 거기에 성공하는 것이 더는 드문 일이 아닌데도 르네는 자신이 사회 전반에서 별종으로 여겨지는 기분이었다. 여자로서, 무엇보다 젊은 여자로서. 그녀는 많은 사람들이 자신의 사업을 취미로 간주하고 자신을 진지하게 대하지 않는다고 느꼈다. 성공한 여자들은 여전히 우리 사회에서 별종이고, 그런 분위기가 여자들의 자신감을 갉아먹는다. 르네의 경우가 딱 그랬다. 대형 판매점들에 제품을 납품하며 승승장구하면서도 그녀는 자신의 성공이 운에 의한 것이며, 참신함이 가져온 초기의 인기가 시들고 사람들이 그녀의 제품이 조금도 특별하지 않다는 것을 깨닫는 순간 자신의 성공도 끝날 것이라는 불안감에 시달린다.

전문기술직

나오미는 남자들이 주도하는 컴퓨터게임 업계에서 일한다. 그녀가 대학에서 게임 설계와 개발을 공부할 당시 같은 과정에 있는 학생 50명 중 여자는 그녀를 포함해 단 두 명뿐이었다. 그녀는 졸업 이후 줄곧 게임 업계에서 일했고, 현재 게임 개발 업체에서 시니어 매니저로 있다. 하지만 그녀도 사기꾼증후군을 피해 가지 못했다. 남자들만큼 유능하지 않다는 자기비하에 시달리고, 자신이 여성할당제로 고용된 게 아닐까 하는 생각마저 든다. 희귀한 업종에서 일하는 여자는 남자들보다 정리해고의 위험에서 안전하다는 주변의 말도 그 생각을 강화할 뿐이다. 하지만 진짜 문제는 여자는 게임 코딩과 개발 작업에 맞지 않는다는 사회 전반의 인식이다. 르네는 자신의 코딩 실력을 입증하려면 남자 동료들보다 더 열심히 일해야 한다는 압박을 느꼈고,

이는 야근을 밥 먹듯이 하며 아무리 열심히 일해도 결과물에 만족하지 못하는 악순환을 낳았다. 남자 동료들은 '그런대로 만족스러우면' 행복하게 프로젝트를 마무리하지만, 나오미는 자칫 완벽하지 못한 결과물을 냈다가는 자신의 젠더 전체를 욕 먹이는 일이 될까 봐 늘 노심초사한다.

영국 리더십경영연구소Institute of Leadership and Management가 실시한 설문조사에서 여성 관리자의 절반이 자신의 업무 능력에서 회의감을 느낀다고 답했다. 남성 관리자의 경우는 그런 경우가 3분의 1에 그쳤다.[9] 중소기업에서 관리자로 일하는 38세의 켈리도 그런 경우다. 그녀는 리더 역할 면에서 여성 롤모델을 가져보지 못했고, 이는 리더십은 남성의 영역이라는 인식으로 이어졌다. 그녀는 자신이 남자가 아니어서 늘 불안하고, 자신이 맡은 일을 제대로 하고 있는지 확신이 없다. 그녀 수준의 관리자들은 다 남자들이기 때문에 자신의 리더십 스타일을 남들과 비교하기도 어렵다. 그녀는 이렇게 말한다. "남자들의 리더십 스타일을 그대로 따라하는 게 맞을지 나만의 스타일을 만들어야 할지 모르겠어요. 내 방식은 너무 여성적이라 적절하지 않을 것 같고, 그렇다고 남자들을 따라해 봤자 충분히 남성적이지 못해서 역시 효과가 없을 것 같아요."

여자가 남자보다 사기꾼증후군을
더 심하게 겪는 이유

● ○

여자들이 남자들보다 사기꾼증후군을 심하게 겪는 이유에 대해서는 의견이 분분하다. 그중 몇 가지를 소개하겠다.

'성공'은 남성의 언어로 쓰인다

〈사이콜로지 투데이Psychology Today〉지의 2009년 기사에 따르면 미국 같은 선진 산업국에서 '성공'은 전적으로 남성의 언어로 정의된다.[10] 경제부국에서 성공은 사회적 위상, 권력, 자원(특히 돈)을 차지하는 것과 연관된다. 진화론적 관점에서 볼 때 이런 성공 척도들은 주로 남자에게 적용되던 것이고, 전통적으로 남자가 성공 기회를 독점했다. 물론 오늘날은 여자도 이런 기회를 누린다. 하지만 성공은 여전히 종래의 '남성적' 용어로 측정된다.

성공을 꼭 그렇게만 봐야 할까? 다른 방식으로 판단할 수는 없을까? 이를테면 아이들을 잘 키우는 부모, 주변을 잘 돌보는 친구, 어려운 곳에 힘을 보태는 자원봉사자, 사회의 공공선을 위해 끊임없이 애쓰는 사람들을 성공으로 정의한다면 어떨까? 이는 전통적으로 여성적 덕성으로 여겨지던 것들이며, 이런 것들은 세속적 성공 여부를 판단하는 주요 지표가 되지 못한다.

따라서 '성공한 여자'라는 말에는 어떤 불편함이 있다. 어딘지

부적절하고 과분하다는 느낌이 없으면 다행이다.

여자는 배척당하는 것을 두려워하도록 진화했다

진화론적 관점에 따르면 여자들은 남자들보다 배척을 두려워하도록 프로그래밍됐고, 따라서 비판의 신호에 더 예민하다. 그 원인은 '여성족외혼'이라는 오래된 관행에 있다. 즉 여자는 사춘기에 이르면 자기가 태어난 집단에서 내쳐져 혈연관계가 없는 집단으로 들어가 거기서 결혼해 가정을 꾸린다. 인류사회는 까마득한 옛날부터 보편적으로 남성족외혼이 아니라 여성족외혼을 택했다. 다시 말해 성인 여자들은 유전적 연관이 없는 남들과 살아야 했던 반면, 성인 남자들은 언제나 자신의 친족 집단에서 살았다. 남의 집단에 들어갔으니 상대적 지위가 낮을 수밖에 없다. 어쩌면 이것이 남자와 여자가 배척과 반감에 다르게 반응하는 이유에 대한 설명이 될 수 있다.[11]

남자는 남들의 반감을 경험해도 크게 걱정할 필요가 없었다. 남자에게는 자신이 아무리 못마땅해도 친족이 자신을 쉽게 배척하지 않을 것이라는 확신이 있었다. 반면 자신의 혈족과 떨어져 있는 여자에게는 그런 안정감이 없고, 따라서 주변의 반감과 비판에 예민할 수밖에 없었다.

이런 진화론적 유산 때문에 여자들은 반감과 비판에 더 민감하고, 남들의 부정적 반응을 더 경계한다. 이는 사기꾼증후군이 나타나기에 가장 알맞은 조건이다.

사회가 여자에게 거는 기대가 낮다

사기꾼증후군이라는 용어를 처음 만든 클랜스와 임스에 따르면 여자는 남자에 비해 자기가 성공할 것이라는 기대가 낮다. 이는 자신은 유능하지 않다는 '자기고정관념self-stereotype'의 내면화를 부르고, 따라서 자신의 유능함과 성공의 증거를 접하면 그 원인을 외적이고 일시적인 속성들에서 찾는다(1장의 15쪽 참고).[12]

실제로 남녀의 차이는 '능력 격차competence gap'가 아니라 '자신감 격차confidence gap'에 있다. 여자는 자기 분야에서 성공하고 능력을 갖고 있다 해도 남자보다 자기회의와 자신감 부족에 시달리는 경우가 많고, 이에 비례해 여자들이 사기꾼증후군을 경험할 가능성도 올라간다. 캘리포니아주 스탠퍼드 대학교 클레이먼 젠더문제연구소Clayman Institute for Gender Research의 셸리 J. 코렐Shelley J. Correll 교수의 연구가 이를 생생히 보여준다. 조사 결과 미적분학에서 C학점을 받았을 때 남자들은 어쨌든 낙제는 아니기 때문에 성공으로 보는 경향이 있는 반면, 여자들은 이를 실패이자 자신은 미적분에 소질이 없다는 증거로 받아들이고 수강을 취소하는 경향이 있었다.[13]

이런 자신감 격차의 영향으로 여자들은 임금 인상을 요구하는 경향이 낮고(2015년 〈세계성격차보고서Global Gender Gap Report〉

는 미국 여자는 남자가 받는 임금의 약 67%밖에 받지 못한다고 밝혔다[14]),
승진을 바라거나 받아들이는 경향도 낮다.

더욱이 이런 사회화는 어려서부터 시작된다. 밸러리 영은 《성공한 여자들의 은밀한 생각》에서 이렇게 말했다. "남자아이는 허세부리고 엄포를 놓도록 양육되는 반면, 여자아이는 어려서부터 자기 생각을 불신하고 목소리를 누를 것을 배운다."[15] 어릴 때부터 모든 면에서, 육체적으로나 지적으로나 남자애들보다 엄격하게 평가받으며 자란 여자들은 부정적 비판을 몹시 두려워하고 그것을 피하기 위해 완벽을 갈구하게 된다(36쪽 참고). 그리고 앞장들에서 살폈듯이 악착같은 완벽주의는 사기꾼 경험의 이상적인 온상이다.

자신감을 잃지 않고 용케 성장기를 탈출한 여자들도 사회생활과 직업세계에 들어서면 역할부조화role incongruity에 따른 비판 공세에 맞닥뜨릴 가능성이 높다(103쪽 참고). 영의 말처럼 "여자로 산다는 것은 자신과 자신의 일이 무시되고, 폄하되고, 경시되고, 평가절하되고, 남자의 일보다 진지하게 받아들여지지 않을 가능성이 자동적으로 높다는 것을 뜻한다." 결과적으로 여자들은 남자들보다 자기비판 성향이 훨씬 높고, 따라서 사기꾼증후군에 걸릴 위험도 훨씬 높다. 여자들이 다른 모든 이들을 따라 결국 자기 기량과 자질을 의심하게 되는 게 새삼스러운 일일까.

자신감 격차

과거에 비하면 여성이 직장에서 커리어를 쌓을 기회가 놀랍도록 커졌지만, 급여와 지위 면에서 아직도 남성보다 뒤처져 있는 것이 사실이다. 남녀의 커리어 경로는 서로 매우 다른 궤적을 그린다. 전부터 사람들은 여성이 유리천장glass ceiling(성차별이나 인종차별 등, 능력을 갖춘 사람이 고위직에 오르는 것을 막는 조직 내의 보이지 않는 장벽)을 깨지 못하는 이유로 여성의 성공을 막는 문화적, 제도적 장벽과 출산과 육아 문제를 든다. 하지만 이 분야 연구자들은 직장에서 여자들의 발목을 잡는 보다 미묘한 힘의 존재를 지적한다. 그것은 바로 자신감 결여다. 여자들은 자신이 테스트나 실전에 약하고, 승진에 적합하지 않고, 임금 인상을 기대하기 어렵다고 믿는 경향이 남자들보다 강하다. 또한 여자들은 남자들에 비해 자기 능력을 과소평가하는 일이 많다.

이 현상을 뒷받침하는 증거는 매우 많다. 카네기멜론 대학교Carnegie Mellon University의 경제학 교수 린다 뱁콕Linda Babcock은 경영대학원생들을 대상으로 한 연구에서 남자들이 연봉 협상을 제기하는 빈도가 여자들의 경우보다 네 배 높고, 여자들은 연봉 협상에 임할 때도 요구하는 액수가 남자들보다 30% 낮다는 것을 발견했다.[16] 영국 맨체스터 경영대학원의 메릴린 데이비슨Marilyn Davidson 교수도 같은 현상을 감지하고 한 가지 실험을 했다. 교수는 매년 학생들에게 졸업 5년 후에 자신이 받을 것으로 기대하는 연봉을 물었다. 그러자 매년 남녀 학생의 응답에 큰 차이가 있었으며 여학생이 남학생보다 평균적으로 20% 정도 낮은 액수를 불렀다.[17]

이러한 자기회의와 자신감 결여는 조직생활 전반에 널리 퍼져 있다. 기업가 클라라 시Clara Shih의 경우가 이를 잘 보여준다. 시는 2009년 소셜미디어 회사 히어세이 소셜Hearsay Social을 설립했고, 2년 후에는 29세의 나이에 스타벅스 이사회의 멤버가 됐다. 그녀는 실리콘 밸리의 몇 안 되는 여성 CEO 중 한 명이다. 그런데 <위미노믹스Womenomics>(2009)에 실린 인터뷰에 따르면 그녀는 스탠퍼드 대학교 재학 시절 자신에게는 어려운 과목들을 남들(남자들)은 쉽게 한다고 인식했다. 그리고 결국 컴퓨터공학 전공자 중에서 가장 높은 평점으로 졸업했는데도 때로 '사기꾼이 된 기분'을 느꼈다고 했다.[18]

흥미롭게도 그리고 예상 밖으로, 이런 자신감 격차 현상은 상대적으로 양성평등 수준이 높다고 알려진 서구사회에서 더 두드러지게 나타난다. 서구 선진 산업국들의 여자들은 자신을 남자들과 비교하는 경향이 있는 반면 다른 곳에서는 여자들이 자신을 다른 여자들과 비교하는 경향이 있는데 그게 이유일 것 같다. 남자들과 비교하면 여자들은 예외 없이 미달 상태다. 여전히 우리 세상은 남자가 여자보다 더 높은 사회적 지위를 누리고 더 많은 월급을 받는 세상이기 때문이다.[19] 오히려 평등주의 사회가 여성의 자신감을 억눌러 그들의 진전을 저해하다니 아이러니하다.

성공한 여자는 매력적이지 않다

페이스북 COO 샌드버그가 2003년의 한 실험을 언급했다. 경영학 학생들에게 성공한 기업가의 이야기를 들려주고 반응을 보는 실험이었다. 학생 중 절반에게는 해당 기업가의 이름이 하이디라고 했고, 다른 절반에게는 하워드라고 했다. 학생들은 하워드를 호감이 가고 재능 있고 존경할 만한 사람으로 여긴 반면, 하이디는 동료나 직원으로 만나고 싶지 않은 이기적인 사람으로 봤다. 하이디와 하워드의 프로필은 정확히 일치했고, 다른 점은 성별뿐이었다. 샌드버그는 이렇게 한탄했다. "남자는 성공할수록 남자와 여자 모두에게 호감을 주는 반면, 여자는 성공할수록 남녀 모두에게 비호감이 된다."[20]

이 밖에도 많은 연구가, 지난 반세기 동안 여성 관리자에 대한 수용도가 꾸준히 증가했음에도, 여성 리더들에 대한 부정적인 태도는 여전히 존재함을 보여준다. 몇몇 연구에 따르면 여성 리더들은 남성들에 비해 야박한 평가를 받고, 인기가 없고, 남성적 리더십 스타일을 채택했다가 욕을 먹는다. 2011년 〈인간관계 Human Relations〉지에 풀타임 근로자 6만 명을 대상으로 남성 상사와 여성 상사에 대한 태도를 조사한 내용이 실렸다. 조사 결과 응답자의 거의 절반이 성 편견을 보였고, 성 편견을 보인 응답자 가운데 72%가 남성 관리자를 원한다고 답했다.[21]

왜 이런 걸까? 역할부조화 현상 탓으로 보인다. 우리 사회에는 전통적으로 성별에 따라 다르게 기대되는 행동 유형이 있다. 이러한 성역할 고정관념 중에서 여성의 역할로 여겨지는 것들은 으레 '보살핌, 배려, 자상' 같은 자질이 강조되는 공동체적 또는 공동체에 기반한 역할들이다.[22] 반면 남성에게는 전통적으로 더 적극적이고, 심지어 공격적이고 주도적이며, 야심차고, 직접적인 역할들을 기대한다. 문제는 타고난 성별에 따라 할당된 성역할에 어울리지 않는 방식으로 행동하는 사람은 부정적인 평가를 받는다는 데 있다. 한 연구에 따르면 남성 직원이 동료들보다 발언을 많이 하면 그렇지 않은 사람들보다 10% 더 유능한 걸로 인정받지만, 여성 직원이 동료들보다 말이 많으면 14% 덜 유능한 것으로 간주된다.[23] 실제로 남자는 그저 자신만만한 것뿐인데 능력 있다고 인정받아 승승장구하는 일이 많다.

성공한 여자가 자기 노력을 자꾸 깎아내리는 것은 이런 부정적 평가에 대한 공포 때문일 가능성이 높다. 만약 성공의 이유를 내 능력과 기량 밖의 요인들로 돌리면 사람들의 부정적인 눈치를 덜 받지 않을까? 이런 기피 행동이 바로 전형적인 사기꾼 행동이다. 그렇게 여자들은 자신의 역량과 전문성을 믿지 않는 편을 택한다.

자기충족예언

자신의 능력과 기량에 대해 자신감과 확신이 없고 밑천이 드러날 두려움에 떠는 여성 중에는 그 믿음에 부합하는 행동을 함으로써 결국 그 믿음을 현실로 바꾸는 경우가 많다. 이것이 자기충족예언self-fulfilling prophecy이다. 자기충족예언은 어떤 기대나 걱정이 행동을 변화시켜 현실에서 충족되는 것을 말한다. 즉 말이 씨가 되는 현상이다. 자신감이 부족한 여자들은 발언과 발의를 삼가고 방어적인 태도를 취하고, 의사결정을 두려워하고, 야심을 보이지 않고, 결과적으로 어느새 남성 상대들보다 뒤처진다. 상황이 이렇게 되면 믿음과 현실 사이에서 느끼던 위화감이 해소된다. '거봐, 내가 뭐랬어. 나는 뛰어난 게 아니라니까!' 하지만 이 과정에서 자신감은 더 추락하고, 악순환이 이어진다. 〈위미노믹스〉에 따르면 성공은 "유능함만큼이나 자신감과 밀접한 관계가 있다."[24]

이 현상의 영향인지, 2016년 〈포춘Fortune〉지 선정 500대 기업 중에 여자가 경영하는 회사가 21곳뿐이다. 다시 말해 미국의 상위 500대 기업의 CEO 중에 여자는 고작 4.2%뿐이다.[25]

케이스 스터디
학계의 여자들

인디애나주 노터데임 대학교의 제시카 L. 콜렛 교수(92쪽 참고)가 동료 교수 제이드 애벌리스와 함께 박사 과정 학생 461명을 대상으로 설문조사를 했다. 조사 대상의 절반이 여자였고, 그중 대부분이 과학 전공이었다.[26] 이 연구는 응답자들이 사기꾼 기분을 느끼는지 파악하기 위한 것이었다. 특히 이른바 '다운시프터downshifters'에 주목했다. 다운시프터란 실력이 있는데도 위상이 높은 연구중심 종신

교수 코스를 밟지 않고 다른 자리를 선택한 사람들을 말한다. 남자는 6%만 다운시프터였던 반면, 여자는 11%가 다운시프터였다.

여자들을 면담한 결과 놀랍게도 그들이 다운시프팅을 택한 주된 이유는 가족 문제가 아니라 사기꾼 감정이었다. 이는 젠더 효과가 다운시프팅을 야기한다는 것을 통계적으로 유의미하게 보여준다. 이 연구는 정성적 조사도 겸했기 때문에 여러 흥미로운 답변을 얻을 수 있었다. 그중에는 이런 것도 있었다. "나의 주요 관심사는 내가 선택한 커리어에서 유능한 사람이라고 느끼는 것이다."

예상치 못한 발견이 또 있었다. 바로 일부 여자가 성공한 여성 롤모델들에게 느끼는 위축감이었다. 이들은 성공한 여자들에게 영감을 받기보다 그들의 업적에 주눅이 든다면서 자신은 그런 성공을 꿈도 꾸지 않는다고 했다. 이는 또 다른 사기꾼 특성이다. 이처럼 성공한 여자들의 경우 다른 여자, 특히 이미 사기꾼 감정을 느끼는 여자들의 기를 세워주기보다 오히려 꺾을 수도 있다.

원격 재택근무와 여자들

● ○

재택근무하는 사람들이 점점 많아지고 있다. 2014년 기준으로 영국 노동인구의 13.9%가 집에서 업무를 수행하고,[27] 미국의 경우는 2016년 기준 고용인구의 43%가 적어도 업무의 일부를 원격 근무로 소화한다. 이는 2014년 이후 4% 포인트 증가한 것이다.[28] 재택근무 또는 원격 근무는 여성, 특히 엄마들에게 매력적일 수 있다. 근무시간을 선택하거나 탄력적으로 쓸 수 있어서 육아와 일을 병행하기에 조금 더 유리하기 때문이다. 원격 근무 기반 회사의 여성 간부 비중이 전통적인 오피스 기반 회사보다 높다는 조사도 있다.[29] 원격 근무가 본질적으로 여성의 경제활동에 친화적이기 때문인 것으로 보인다. 육아와 보육의 부담이 여전히 여성에게 쏠려 있는 상황에서는 아무래도 남자보다는 여자가 유연한 근무시간에서 얻는 혜택이 크다.

그런데 문제는 원격 근무자가 출퇴근하는 사람보다 사기꾼증후군에 걸릴 위험이 높고, 따라서 원격 근무를 많이 하는 여자가 남자보다 더 불리하다는 데 있다. 그럼 어째서 원격 근무자가 사기꾼증후군에 걸리기 더 쉬운 걸까? 앞서 언급한 것처럼, 긍정적 피드백과 격려를 받을 기회가 제한돼 있는 탓이 크다. 거기다 대면 소통이 적거나 없는 원격 근무는 정서적 유대감 형성이 어려운 업무 환경을 만든다.

예를 들어 원격 근무의 경우 업무 관련 소통은 대개 이메일로 이루어진다(원격 근무가 아닌 경우도 마찬가지지만, 원격 근무자의 경우 이메일이 유일한 소통수단일 때가 많다). 업무용 이메일은 간단명료하고 사무적이어야 한다는 기대가 있다. 이메일에는 출근자들이 때로 정수기나 자판기 앞에서 격의 없이 나누는 대화 같은 친밀감은 끼어들 틈이 없다. 동료나 고객과 인간적인 대면 접촉과 정서적 유대감을 누리기 어려운 환경은 원격 근무자에게 고립감을 주고, 나아가 자신이 일을 제대로 하고 있는지에 대한 회의감을 키운다.

앞서 우리는 여자들이 사기꾼증후군을 겪는 이유가 될 법한 것들을 살폈다. 이제는 사기꾼증후군 현상이 남 얘기가 아닌 내일로 닥쳤을 때 어떻게 대처할지 알아보자.

대처 요령과 전략

● ○

여자들이 직장에서 사기꾼 감정과 싸우려면 어떻게 해야 할까? 다음 요령과 전략을 잘 기억해 직장생활의 일부로 체화하자. 처음 항목들은 직장여성들을 염두에 둔 것이지만, 이어지는 전략들은 직장에서 사기꾼증후군을 경험하는 모두에게 유용하다. 다른 장들의 끝머리에 제시한 대처법들도 함께 참고하자.

- 자신이 여성 직장인 중에서도 '고위험군'에 속하는지 알아보고, 인지하고, 인정하자. 기업가, 남성지배적 업종 종사자, 조직의 간부, 원격 근무자가 특히 취약하다. 만약 자신이 이들 범주 중 하나에 해당하고, 1장과 2장에서 설명한 일반적인 위험인자 중 하나 이상을 가지고 있다면, 사기꾼

증후군을 앓을 가능성이 높다. 이 점을 기억하자. 사기꾼증후군은 흔한 증상이며, 당신 잘못이 아니다!

- 자신이 거부와 비판을 어떻게 받아들이는지 돌아보자. 특히 비판은 성장에 뼈와 살이 되지만, 남자보다 여자가 비판에 예민한 편이다. 자신이 받은 비판을 메모하고, 객관적으로 보려 노력하면서 그것이 받을 만한 비판인지 따져보자. 만약 타당한 비판이라면 감정을 배제하고 냉정을 유지하면서 성장의 기회로 삼자. (하지만 엉뚱한 비판에 대해서는 자신을 당당히 방어하자!)

- 직장에서 남녀 간 '자신감 격차'를 겪고 있지 않은지 돌아보자. 좋은 실험이 있다. 남녀 동료들에게 성별만 표시하는 무기명 방식으로 다양한 자질에 대해 스스로를 평가해보라고 하자. 여자들이 남자들보다 스스로에게 더 야박한 점수를 주었다면, 그 직장에는 남녀 간 자신감 격차가 존재한다고 볼 수 있다. 자신감 격차를 인지하는 것이 그것을 이기는 첫걸음이다.

- 기량과 능력에 대한 부정적 자기충족예언을 피하자. 그러기 위해 자기확신이 있는 척하자. 혹시 자신감이 없더라도 자신 있게 행동하는 버릇을 들이자.

연습 1: 팩트 체크하기

다음은 직장에서 자기회의와 사기꾼 감정을 겪는 사람이면 누구나 쓸 수 있는 전략이다.

(i) 사실을 인정한다

자신의 성공에 대해 어떤 태도를 취하든 성공 자체는 반박할 수 없는 사실이다. 예를 들어 시험에서 좋은 성적을 냈거나 좋은 일자리를 제의받았다고 치자. 그것은 엄연한 사실이다. 나머지는 자신이 그 사실에 대해 어떻게 생각하느냐에 지나지 않는다. 자신의 삶을 돌아보고, 좋은 성적이나 승진 등 지금까지 자신이 이룬 성공의 리스트를 작성한다. 그리고 리스트에 '사실'이라는 제목을 붙인다.

사실
영어 시험에서 A를 받았다.
승진했다.
발표 후 칭찬을 받았다.

　성공에 대한 반박이 불가능한 사실들을 기록해두면, 본인 생각이 어떻든 성공은 명백한 사실이라는 것을 깨닫는 데 도움이 된다. 한두 가지 성공은 행운의 개입이나 외부 요인의 작용일 수

있다. 하지만 일단 성공이 쌓이고 리스트가 길어지면, 더는 자기 눈앞의 증거를 무시하기 어려워진다. 어쩌면 누가 뭐라든 나는 정말로 내 일에 재능이 있는지도 모른다.

(ii) 자기회의 사고를 인지하고 거기에 도전한다

각각의 사실에 대한 사기꾼 생각을 적는다. 내가 실속 없는 가짜 라는 기분을 키우는 생각이나 믿음은 무엇인가? 그것을 옆 칸에 적어보자.

사실	사실에 대한 나의 사기꾼 생각
영어 시험에서 A를 받았다.	다행히 아는 문제들만 나왔다.
승진했다.	자격 미달인 나를 임명한 건 실수다.
발표 후 칭찬을 받았다.	완벽하지 못했는데 용케 넘어갔다.

이것은 그저 생각에 지나지 않는다는 것을 명심하자. 맞는 생각일 수도 있겠지만 틀린 생각일 가능성도 크다. 유일하게 반박의 여지가 없는 것은 실제로 일어난 사실뿐이다. 이제 각각의 성공에 어떤 기량, 역량, 재능이 기여했을지 생각해보고 그것을 세 번째 칸에 적어보자.

사실	사실에 대한 나의 사기꾼 생각	사실을 만든 기량, 역량, 재능
영어 시험에서 A를 받았다.	다행히 아는 문제들만 나왔다.	나는 영어를 잘한다.
승진했다.	자격 미달인 나를 임명한 건 실수다.	나는 내 일에 노련하고 훌륭한 매니저다.
발표 후 칭찬을 받았다.	완벽하지 못했는데 용케 넘어갔다.	명료한 슬라이드와 열정적 전달력이 만든 탄탄한 발표였다.

이제, 성공을 설명하는 두 가지 이유가 눈앞에 있다(이유가 어떻든 당신의 성공 자체는 요지부동의 사실이다). 각각의 이유가 어느 정도나 타당하다고 생각하는지 백분율로 매겨보자.

사실	사실에 대한 나의 사기꾼 생각	사실을 만든 기량, 역량, 재능
영어 시험에서 A를 받았다.	다행히 아는 문제들만 나왔다. **60%**	나는 영어를 잘한다. **70%**
승진했다.	자격 미달인 나를 임명한 건 실수다. **30%**	나는 내 일에 노련하고 훌륭한 매니저다. **60%**
발표 후 칭찬을 받았다.	완벽하지 못했는데 용케 넘어갔다. **80%**	명료한 슬라이드와 열정적 전달력이 만든 탄탄한 발표였다. **90%**

이 표가 보여주는 것은 이것이다. 사기꾼 생각에 따른 설명이 사실일 수 있다면 다른 대안적 설명 역시 사실일 수 있다! 대안적 설명이 사실일 가능성이 훨씬 높다. 이 연습은 사기꾼 감정에 휘둘리는 편향된 생각회로에서 벗어나는 데 유용하다.

연습 2: 자신의 강점 식별하기

사기꾼증후군을 앓는 사람들은 자신의 약점에 집중하고 강점은 무시하는 경향을 보인다. 자신이 잘하는 것을 인정하는 것이 사기꾼증후군 극복 과정의 본질이자 핵심이다. 그런 면에서 '긍정 리스트'는 매우 유용하다. 다음에 소개하는 방법에 따라 각자 자신의 긍정 리스트를 만들어보자.

다음을 적는다.

- 자신의 강점 10가지. 예를 들어 끈기, 용기, 친절, 창의성 등.
- 자신이 감탄스러운 점 적어도 5가지. 예를 들어 자녀를 잘 키워놓은 것, 남동생과 사이좋게 지내는 것, 회사 사람들과 두루 알고 지내는 것 등.
- 인생 최대 업적 5가지. 예를 들어 큰 병을 이겨낸 것, 고등학교 졸업, 컴퓨터를 배운 것 등.
- 지금까지 이룬 성과 적어도 20가지. 스마트폰에 앱 까는 법 배우기 같은 간단한 일부터 대학 학위 취득 같은 어려운

일까지 어떤 것이든 좋다.

- 내가 남을 도울 수 있는 방법 10가지.

이 리스트들을 눈에 잘 띄고 손이 잘 닿는 곳에 보관한다. 다음에 또 사기꾼증후군 증상이 도지면 이 리스트들을 꺼내서 자신이 실제로 잘난 사람이라는 것을, 나를 좋게 보는 남들의 생각이 틀리지 않다는 것을 떠올리자!

4장

남자 사기꾼

남모르는 자괴감

Why Do I Feel Like an Imposter

앞장에서 말했다시피 사기꾼증후군은 본래 여자들이 겪는 현상으로 알려졌지만 여자가 실제로 남자보다 사기꾼증후군을 더 흔하게 겪는다는 확실한 자료는 많지 않다. 사기꾼증후군이 여자의 병으로 인식된 이유는 간단하다. 여자들을 대상으로 한 조사에서 이 현상이 처음 발견됐고, 그 뒤로는 일종의 고정관념으로 굳어졌다. 그러다보니 사기꾼증후군을 겪는 남자는 여자가 걸리는 병에 걸렸다는 일종의 '민망함'까지 겹쳐 이중으로 마음고생을 할 때도 있다.

분명히 말하지만 남자도 사기꾼증후군으로 고통받는 건 마찬가지다. 여러 연구에서 대학생, 교수, 전문직 종사자가 느끼는 사기꾼 감정에는 남녀의 차이점이 없는 것으로 나타났다.[1] 하버드 대학교 심리학자인 에이미 커디Amy Cuddy 교수가 2012년에 자신감을 높이는 신체언어에 대한 테드TED 강연을 한 후, 자신이 사기꾼처럼 느껴진다는 사람들에게서 수천 통의 이메일이 쇄도했다. 그중 절반은 남자가 보낸 것이었다.[2] 사기꾼증후군 전문가 밸러리 영도 웹사이트 impostersyndrome.com을 통해 자신의 사기꾼증후군 워크숍 참석자 가운데 절반이 남자라고 밝혔다. 무엇보다 이미 1993년에, 사기꾼증후군을 처음 정의한 폴린 클랜스 박사가 사기꾼증후군을 여성에게 특화된 문제로 규정한 자신의 초기 이론은 부정확한 것이었음을 인정했다. "성공에 대한 기대가 낮고 성공을 해도 그 이유를 자기 능력 밖의 요인으로 돌리는 경향은 여자들만큼이나 남자들에게서도 자주 나타난다."[3]

미국에 기반을 둔 심리평가 회사 아치프로파일Arch Profile의 사기꾼증후군 연구진이 사기꾼증후군을 겪은 사람들을 조사하고 다음과 같은 결과를 얻었다.

- 여성 32%와 남성 33%가 자신이 이룬 성공에 대해 자격이 없다고 생각한다.
- 여성 36%와 남성 34%가 극단적인 완벽주의를 추구하면서 자신에게 비현실적으로 높은 기대수준을 설정한다.
- 여성 44%와 남성 38%가 자기 성과의 대부분을 요행으로 얻었다고 믿는다.
- 여성 47%와 남성 48%가 자신이 받은 보상을 노력의 결과로 얻은 당연한 대가로 생각하지 않는다.

이렇듯 사기꾼증후군 경험에서 남녀 간 차이는 없어 보인다.

2016년 〈더 타임스 고등교육부록The Times Higher Education Supplement〉에 실린 한 연구 결과는 오히려 남자가 여자보다 사기꾼증후군으로 고통받을 가능성이 높다고 주장한다. 휴스턴 대학교 인재개발연구소Human Resources Development의 부교수 홀리 허친스Holly Hutchins는 미국 교수 16명이 사기꾼증후군을 얻게 된 계기들을 탐구했다. 앞장에서 살폈듯 학자들은 사기꾼증후군에 특히 취약한 고위험군이다. 허친스 교수의 연구는 학자들에게 사기꾼 감정을 일으키는 가장 흔한 요인이 자기 전문성에 대한 의구심임을 보여준다. 자신을 동료들과 부정적으로 비교하는 성향이 학자들의 자격지심을 부추기고, 이는 성공을 확보해도 나아지지 않는다. 그런데 정말로 흥미로운 것은 사기꾼증후군에 대응하는 방식에서 보인 남녀 간 차이였다. 여성들이 사회적 지지social support(대인관계에서 스트레스와 무력감을 극복할 정서적 지원을 얻는 것)와 자기대화self-talk(동기 부여와 자신감 진작을 위해 스스로에게 긍정적인 말을 되뇌는 것)를 통해 나름 효과적으로 대응했다면, 남성 사기꾼들은 알코올에 의지하는 등 회피성 방법으로 가면 감정에 대응하는 경향이 컸다(133쪽 참고).[4]

이렇게 증거들이 명확한데도 남자는 여자만큼 사기꾼증후군의 영향을 받지 않는다는 잘못된 인식은 왜 생긴 걸까? 이번 장에서 알아보자. 남자들이 사기꾼증후군에 걸리는 이유도 짚어보자. 사기꾼증후군의 보편적인 사례들과 극단적인 사례들을 들여다보고, 마지막에는 특히 남성 사기꾼에게 유용한 대처 요령과 전략을 알려주려고 한다.

남자들의 사기꾼증후군과 고정관념 반발

● ○

사기꾼증후군을 앓는 남녀의 수에는 뚜렷한 차이가 없을지 몰라도 그것을 공개적으로 시인하는 남자는 적을 수 있다. 남자들이 사기꾼 감정을 쉽게 털어놓지 못한다면 그건 '고정관념 반발stereotype backlash' 때문일 것이다. 고정관념 반발은 남자는 확신과 자신감에 차 있어야 한다는 남성 고정관념에 부합하지 못한 데 대한 사회적 처벌로, 모욕이나 심지어 사회적 배척의 형태로 나타난다. 이 벌을 감당하는 것이 두려워 남자들은 자기회의감을 인정하기를 피한다. 자기회의는 남자다운 일이 아니고, 따라서 그걸 인정하는 것은 남성성을 깎아먹는다.

미국 웹사이트인 비즈니스 인사이더Business Insider의 표현에 따르면 남자들도 사기꾼증후군을 겪지만 그것을 인정하는 것을 '수치스러워한다.'[5] 여자는 적어도 자기불신감을 인정하는 데는 어려움을 겪지 않지만 남자는 사정이 다르다. 이 때문에 사기꾼증후군을 여성의 문제로 인식하는 현상이 떨쳐지지 않는다.

사회가 여자에게 기대하는 특정 행동양식이 있듯이(3장 참고),

남자에게 기대하는 행동도 있다. 남자는 여자와 달리 자신의 업적을 '내세울' 줄 알아야 바람직하다. 심지어 남자의 경우는 자만심과 오만이 어느 정도 미덕으로 통한다. 남자들은 강한 모습을 요구받는다. 자기회의감에 괴로워하는 등 감정적으로 약한 모습은 남자답지 못하다.[6] 이런 고정관념 때문에 남자들은 자신을 사기꾼으로 느끼는 불안감에 대해 말하는 것을 삼갈 수밖에 없다.

사회는 남자들에게 '득의양양'하게 굴 것을 '권장'하고, 이 때문에 남자들은 지나친 자기과신을 경험하기 쉽고, 또는 그러기를 기대받는다(70쪽 더닝-크루거 효과 참고). 기고만장은 남성적인 미덕으로 칭송받는 특성 가운데 하나이고, 자신감은 신뢰를 낳기 때문에 자기과신은 남자들에게 실질적 이점을 준다. 사람들은 기개와 배짱이 있는 사람을 믿는 경향이 있고, 따라서 그런 사람이 성공할 가능성도 높다. 쉬운 예로 세일즈맨을 생각해보자. 자기가 파는 제품에 확신이 없어 보이는 사람보다는 자신만만한 사람이 성공할 게 뻔하다. 이렇게 자기과신이 남자들에게 우선권을 주는 경우를 주변에서 쉽게 볼 수 있다.

반대로 자기 능력에 대해 자신감이 부족하거나 자기회의를 겪는 남자는 그만큼 불리하다. 그런 남자는 타고난 이점을 잃을 뿐 아니라 고정관념 반발에 의해 오히려 불리한 처지가 된다. 남자는 '남성적' 특성을 가질 때만 사회의 수용과 칭찬을 받는다. 남성성이 결여된 남자는 부정적 비판의 대상이 되고 만다.

케이스 스터디

35세인 토니는 국제적 홍보회사의 잘나가는 중역이었다. 그는 고급 수트를 입었고 두둑한 연봉을 받았다. 머리에서 발끝까지 성공한 남성의 전형이었다. 늘 승승장구했고, 그걸 당연하게 받아들였다.

그런데 최근에 회의감이 들기 시작했다. 그가 맡았던 온라인 보험회사 홍보 캠페인이 실패로 끝난 영향이 컸다. 그가 이 캠페인을 이끌었고, 중요한 아이디어들은 그의 머리에서 나왔다. 고객사의 기대를 받으며 엄청난 비용을 쏟아 넣은 프로젝트였다. 위험을 감수하고 홍보 예산을 늘리도록 고객사를 설득한 사람도 그였다. 그는 자신감에 넘쳤다. 그는 캠페인이 언론에 대서특필되고 크게 히트를 칠 것으로 자신했다. 하지만 캠페인은 실패했고, 지방 신문에 겨우 몇 줄 실린 것이 언론 노출의 전부였다. 토니는 굴욕감을 느꼈다. 사회생활을 시작한 후 처음으로 자신의 능력을 의심하기 시작했고 곧 심각한 자기회의에 빠졌다.

그는 어느 날 회사에서 여자 직원 몇 명이 자기회의감에 대해 말하는 것을 들었다. 그러고 보니 여자들이 그런 고충을 토로하는 것은 간혹 들었지만 남자들이 그러는 건 듣지 못했다. 어쨌든 그는 자신의 기분을 함께 나눌 상대가 생겨 기뻤다. 그는 여자들에게 자신이 느끼는 불안감을 털어놓았고, 여자들이 늘 서로에게 위로와 격려를 아끼지 않는다는 것을 알기에 같은 반응을 기다렸다. 그런데 여자들의 반응은 예상 밖이었다. 그들은 토니를 신기하게 보면서 그의 근심을 무시했다. 그들은 그의 고민을 진심으로 받아들이지 않았고 장난과 농담으로 웃어넘겼다. "설마, 토니처럼 자신감 빼면 시체인 사람이 무슨 엄살이에요." "에이, 징징대는 남자를 누가 좋아해요."

토니는 어리둥절했다. 사람들이 자신을 자신감의 화신으로 보는 게 분명했다. 하지만 그건 사실과 거리가 멀었다. 멀어도 너무 멀었다. '그럼 나는 뭐가 되는 걸까?' 그렇다면 그는 (남들이 생각하듯 뛰어난 중역인 척 연기하는) 형편없는 중역일 뿐 아니라, 심지어 여자들이나 하는 걱정에 애를 태우는 가짜 남자인 것이다.

자기회의를 겪는 남자는 쉽게 그 고충을 인정하지 못한다. 사회적 반감뿐 아니라 자괴감에 따른 내적 반감까지 자초할 수 있기 때문이다. 여성 사기꾼은 가짜가 된 기분, 즉 가면 감정만 상대하면 되지만 남성 사기꾼은 가면 감정의 직접적인 결과로 남자로서의 자기정체성에까지 상처를 입는다. 남자들이 자신의 사기꾼 감정을 쉽게 인정하지 못하고, 이를 부정하거나 회피 전략에 의지하는 경향이 큰 것도 무리가 아니다.

남성 고정관념

● ○

사기꾼증후군을 부추기는 남성 고정관념, 즉 남성성의 정형화된 이미지들에는 뭐가 있을까? 연구자들은 대표적 남성 고정관념으로 성공한 사업가, 운동선수, 패밀리맨을 꼽는다.

성공한 사업가

이 고정관념은 남자란 모름지기 사회적으로 성공해야 한다고
말한다. 성공은 대개 금전적 기준으로 평가되지만 사회적 위상
도 중요하다. 입신양명은 언제나 여자보다는 남자의 본분으로
여겨졌다. 남성 웹진 artofmanliness.com에 실린 '남자와 지위
Men & Status'라는 기사는 "생물학계의 오랜 관찰에 따르면 종을
막론하고 수컷은 암컷보다 '지위 싸움의 패배'에 훨씬 민감하고,
지위 획득 욕구가 훨씬 강하다"고 주장한다.[7] 아마존강 유역 부
족사회의 남성 지위를 연구하던 학자들도 "지위를 획득하거나
유지하려는 시도가 (…) 남자들 사이에서 특히 강하게 나타났다"
고 말했다.[8]

같은 기사는 또한 "남성의 지위욕은 남성성의 거의 모든 측면
에 연관되어 있다"고 말한다. 이런 출세주의는 남자가 종종 불굴
의 투지와 시련 극복을 통해 부족에게 자신의 진가를 증명하고
'진짜 남자'라는 위상을 얻어야 했던 인류의 진화론적 과거와 무
관하지 않다.

'진짜 남자'가 되려면 돈벌이 수완이 좋아야 하고, 거기에 걸
맞은 지위의 상징(직위, 자동차 등)을 가져야 하고, 심지어 고급 수
트처럼 거기에 어울리는 복장을 해야 한다. 일부 남자는 이런 성

공의 과시적 요소들을 현실을 가리는 가면으로, 자신은 성공을 누릴 자격이 없는 가짜이자 사기꾼으로 느낀다. 여자 사기꾼들처럼 이들도 자신이 실제로는 유능하지 않으며 요행으로 성공했을 뿐이라고 생각한다. 이들은 정체가 탄로 나 지위와 돈과 수트를 잃을까 두려워하며 산다. 이러한 과시적 요소들이 남성 정체성과는 밀접히 엮여 있는 반면 전통적으로 여성 정체성은 높은 연봉을 받고 고급차를 모는 능력과는 크게 상관이 없었기 때문에, 남자가 느끼는 지위 상실의 공포가 여자보다 심할 수밖에 없다.

운동선수

남자들은 크고, 강하고, 날래야 '진짜 남자'라는 기대를 받는다. 미디어에서 칭송되고 전시되는 남성 롤모델은 으레 강한 운동선수와 슈퍼히어로다. 스포츠 잡지의 표지모델이나 남성 소비자를 겨냥한 광고의 주인공을 보자. 대개는 축구선수나 '육체파' 배우처럼 체격 좋은 근육질의 남자들이다. 피츠버그 대학교 University of Pittsburgh 웹사이트에 올라온 남성 고정관념에 대한 블로그도 이 점을 꼬집는다. "남성은 연령과 인종을 막론하고 강인함과 저돌성을 뿜어내는 남성 호르몬 범벅의 광고에 영향을 받는다. 광고에 노출될수록 광고 속 남성성의 이미지를 자신도 실현해야 한다는 압박을 받는 것이다."[9]

강하고, 독자적이고, 거칠고, 극기와 투지로 뭉친 남자여야 한다는 압박감이 주는 해로운 영향 때문에 이런 이미지를 '유독한 남성성'이라고 부른다. 무엇보다 운동선수 고정관념은 나이 들어가는 것과 서로 어울릴 수 없고, 따라서 특히 노화를 겪는 남성들에게 부정적인 영향을 미친다.[10]

운동선수 고정관념은 처음에는 남자들에게 과식을 피하고 운동을 시작하게 하는 등 긍정적인 자극으로 작용하기도 한다. 하지만 외적 모습과 내적 '현실'이 일치하지 않아 사기꾼 감정이 생기기 쉽다. 열심히 운동하는 남자 가운데 상당수가 자신의 탄탄한 근육을 사실은 예민하고 나약하고 우유부단한 내면을 가리는 가면으로 여길 수 있다. 그 경우 자신이 나약하게 느껴질수록 더욱 필사적으로 몸을 단련해 강한 이미지를 만들어내는 데 매달린다. 하지만 근육이 커지면서 사기꾼 감정도 커지고, 그렇게 악순환이 이어진다.

사회가 '남자답다'고 인정하는 남자가 되려면 '운동선수'의 몸을 만들어야 한다는 압박을 받는 남자들은 자신이 단지 적응하기 위해 허울뿐인 가면을 쓰고 있으며, 가면 아래의 자신은 그것과 매우 다르다고 생각하기 쉽다. 이러한 속마음과 자신이 만든 겉모습 사이의 괴리가 사기꾼증후군의 원인이 된다.

패밀리맨

그럼, 성공과 지위와 그에 따르는 고액 연봉을 얻고 강한 근육질 몸까지 만들었다면 이제 완벽한 남자라 할 수 있을까? 아니, 아직도 충분하지 않다. 요즘 남자들은 거기에 더해 완벽한 남편/애인/아버지가 되어야 한다. 부모 사기꾼은 나중에 7장에서 이야기하기로 하고, 지금은 완벽한 패밀리맨(가정적인 남자) 고정관념에만 집중해보자.

이 고정관념은 남자들에게 온갖 '아빠 노릇'을 다 해낼 것을 기대한다. 등하교시키기, 식사와 간식 챙기기, 스포츠클럽 데려가기, 잠자리 돌보기 등등. 이는 남자뿐 아니라 부모라면 누구나 받는 압력이다. 다만 문제는 자녀와 긴밀한 정서적 유대를 형성하는 것이 모든 남자에게 쉬운 일은 아니라는 데 있다. 아무래도 아이를 주로 돌보는 사람은 아직까지는 엄마이기 때문이다. 아이가 어릴 때는 더 그렇다. 그럴 때 아빠는 자칫 자신은 잉여인간일 뿐 남들이 기대하는 완벽한 아빠와는 거리가 멀다는 생각이 들 수 있다. 남들은 그가 주말에 공원에서 아이들과 공놀이하는 것을 보며 무척 가정적인 아빠라고 생각할지 몰라도, 패밀리맨 사기꾼은 아이들이 정말로 급할 때 찾을 사람은 자신이 아니라 엄마라는 것을 알고 있고 그래서 자신이 무자격자라는 기분은 커진다.

케이스 스터디

41세인 브래드는 성공한 남자의 전형 그 자체다. 고액 연봉의 금융맨으로 누구보다 풍족한 삶을 누린다. 교외의 넓은 집에 살면서 두 대의 고급차를 번갈아 몬다. 아이들 셋 모두 비싼 사립학교에 보내고, 해마다 두 번씩 해외로 화려한 휴가를 떠난다. 한마디로 더 바랄게 없는 삶이다. 아름다운 아내, 사랑스러운 아이들, 사회적 위상, 롤렉스 시계까지 그에겐 없는 게 없다. 심지어 그는 인물도 좋고, 개인 트레이너를 두고 꾸준히 운동하며 가꾼 군살 없는 몸을 자랑한다.

하지만 브래드에게도 고민이 있다. 최근 자신의 인생은 가짜고 자신은 사기꾼인 것처럼 느끼기 시작했다. 진짜 브래드는 어렸을 때 안경잡이라고 놀림이나 당하던 숫기 없고 소심한 패배자였다. 그가 자신을 가짜로 느끼는 것은 일에 염증이 난 탓이다. 그는 모든 것을 때려치우고 해안가에 카페를 여는 꿈을 꾼다. 그는 일이 싫어진 것을 자신이 사기꾼이라는 신호로 여겼다. 정말로 실력이 있어서 성공한 사람이라면 자기 일을 이렇게 싫어할 리 없으니까.

브래드는 자신의 꿈을(그리고 두려움을) 남들에게 털어놓을 엄두가 나지 않는다. 그리고 이 상황이 그의 사기꾼 감정을 강화한다. 회사가 그의 성과를 칭찬하고 친구들이 그의 삶을 부러워해도 그는 아무 감흥이 없다. 그에게는 모든 것이 가짜이기 때문이다. 성공은 곧 행복이라고 믿었는데 그는 행복하지 않고, 따라서 그는 정말로 성공한 사람이라 할 수 없다. 그의 꿈은 '진짜 남자'가 가질 법한 꿈이 아니다. 그는 그런 마음을 품는 것만으로도 자신이 잘못돼도 한참 잘못됐다고 믿는다.

사기꾼증후군과 남자의 정신건강

● ○

사기꾼증후군이 발현하는 방식에서 남녀 간에 이런저런 차이가 있을 수 있다. 그중 내가 생각하기에 가장 두드러진 차이를 하나 짚어보겠다. 내 상담클리닉에는 남자도 꽤 오는데, 이들은 정신건강 문제에서 여자들과는 사뭇 다른 태도를 보인다. 내 경험상 남자들은 자신의 정신적 문제를 두고 자책하는 성향이 여자들보다 훨씬 심하다. 남자들은 자기에게 정신적 문제가 있음을 쉽게 받아들이지 못한다.

문제의 부정은 전문가의 도움을 기피하는 현상으로 이어졌다. 지금도 상황은 크게 달라지지 않았다. 영국 정신건강재단 Mental Health Foundation의 2016년 조사에서도 여전히 남자가 여자보다 도움을 구하는 일이 적은 것으로 나타났다(남자 피조사자의 28%가 정신건강 문제로 도움을 구한 적이 없다고 답했고, 여자의 경우는 19%였다).[11] 한 조사에 따르면 비난받거나 무시당하거나 '남자답게 굴라'는 말을 듣는 것이 두려워 좀처럼 고민을 드러내지 못하는 남자가 엄청나게 많다.[12]

전문가의 도움만 피하는 것이 아니다. 같은 조사에 따르면 남자는 여자에 비해 자기에게 정신건강 문제가 있다는 것을 누구에게도 털어놓지 않고 냉가슴을 앓는 경향이 높다. 남자는 4명중 1명(여자는 3명 중 1명)만 남에게 문제를 말하고, 그나마 대부분 2년쯤 지난 뒤에야 문제를 알릴 용기를 낸다.

이 현상의 완벽한 예가 27세의 코미디언 데이브 쇼너Dave Chawner다. 쇼너는 거식증과 우울증으로 고생한 지 무려 10년이나 돼서야 치료에 나섰다. 그는 〈가디언The Guardian〉지에 이렇게 말했다. 사회는 남자들에게 스트레스나 분노를 드러내는 것은 허용하지만 "그걸 뺀 다른 모든 감정의 표출은 나약함으로 치부할 뿐이다." 쇼너는 그런 이유로 남자들은 속병이 있어도 꽁꽁 감추게 된다고 했다.[13]

'남자답게 굴어' – 현대 문화에서 가장 파괴적인 말?

2015년 <텔레그래프The Telegraph>지에 이런 내용의 기사가 실렸다. 남자들에게 '남자답게 굴라'고 말하는 것은 몹시 해로운 결과를 초래할 수 있다. 이 말은 "남성성과 남성다움에 대한 오해를 일으키기 때문이다."[14] 남자들에게 '남자답게 행동하라'고 말하는 것은 기존 남성 고정관념을 강화하는 것이고, 이때의 남성 고정관념은 거의 예외 없이 강인한 액션히어로 유형이다. 남자들이 '남자처럼' 행동하기를 강요하는 문화에서 소년들은 어릴 때부터 '다 큰 남자는 울지 않는다'고 가르침을 받는다. 즉 감정은 억누르고 짓밟아야 하는 것이다. 남자들은 정서적 감수성을 나약함의 표시로 배우며 자라고 이 고정관념이 그들의 정신에 뿌리 깊게 자리 잡는다.

따라서 '남자답게 굴라'는 말은 남자들에게 자신의 남성다움을 의심하게 한다. 그리고 급기야는 자신은 '진짜' 남자가 아니며 해당 젠더를 사칭하는 사기꾼이라는 기분을 안긴다.

케이스 스터디

알렉스는 2년간 건강염려증을 겪다가 내 상담클리닉을 찾았다. 그의 불안증은 아버지가 세상을 떠나면서 시작됐다. 그는 자신의 건강 상태를 강박적으로 걱정했고, 하루에 몇 시간씩 자신의 증세를 검색하느라 인터넷을 샅샅이 훑었다. 그는 우려하는 게 무엇이든 그것이 심각하거나 위험한 것이 아니라는 확신을 필사적으로 찾았다. '구글 박사'가 필요한 확신을 주지 못할 때는 끝없이 병원을 찾았고, 심지어 가끔은 심장마비가 온다고 믿고 응급실에 가기도 했다.

그는 상담을 받으러 와서도 건강 걱정을 하며 자신이 괜찮다는 것을 확인받으려 할 때가 많았다(물론 나는 의사가 아니므로 진단을 내릴 수도 확신을 줄 수도 없다). 때로는 상담 세션 중에 불안 증세를 드러내기도 했다. 이를테면 갑자기 자기 팔이나 머리에 있는 뭔가에 정신이 팔려 거기를 쿡쿡 찌르고 긁고 하다가 결국은 가려움증이나 발진인 것 같다고 했다.

하지만 알렉스의 건강염려증을 악화시키는 것은 실제 건강 악화가 아닌 다른 문제였다. 바로, 자신이 그런 불안증을 가지고 있다는 깊은 수치심이 문제였다. 그는 진짜 남자들은 이렇게 건강에 집착하면서 안달복달하지 않는다고 생각했다. 따라서 자신은 전혀 남자답지 못하며, 이런 불안증이야말로 남성성 결핍의 증거라고 믿었다. 이는 그의 자존감에 심각한 영향을 미쳤다. 아내와 자녀가 '진짜' 남편과 아버지를 만나 제대로 된 보살핌을 받으려면 자신이 그들 곁을 떠나야 하지 않나 생각할 정도였다.

남자들은 정신건강과 관련해 대개 두 가지 믿음 사이에서 부조화를 겪는다. 일단 남자란 자고로 강해야 한다는 인식이 있다. 이는 사회가 부과한 인식이다. 남자는 끝없이 '남자답게 굴라'는 말을 듣는다. 터프가이가 되라는 뜻이다. 터프가이는 자제력 있고 감정을 드러내지 않고 여러모로 강인해야 한다. 아무리 긍정적이고 건전한 특성이라도 남자답지 않다고 인식되는 특성을 추구하는 것은 금물이다. 이렇게 남자에게 터부시되는 특성 중에는 공포, 상심, 당혹감, 절망을 포함한 다양한 감정을 느끼고 표현하는 능력도 해당된다.[15]

그러다 자신은 사회가 정한 남자의 범주에 들지 못한다는 인식이 생긴다면? 도움이 필요하고, '약해져서' 감정에 휩쓸리기 직전이고, 스트레스를 당해낼 수가 없다면? 이때 일부 남자들은 기존의 믿음을 새로운 믿음으로 바꾼다. '감정적이어도 남자는 여전히 남자다.' 하지만 대다수 남자들은 기존의 뿌리 깊은 고정관념을 쉽게 뽑지 못하고 자신은 '진짜 남자'가 아니라는 결론을 내려버린다. 진짜 남자가 아니라면 그는 사기꾼일 수밖에 없다.

문제는 거기서 끝나지 않는다. 사기꾼증후군을 피하려는 방어기제로 남자들은 정신건강 문제를 극복하기 위한 도움을 받지 않는 쪽을 선택한다. 고충을 인정하지 않고 도움도 구하지 않으면, 남자도 아니면서 남자인 척하는 사기꾼이 된 기분을 피할 수 있다. 하지만 불행히도 이런 태도는 문제에 맞서야 할 때 건강하지 못한 회피책으로 이어진다. 여러 연구가 이를 입증한다. 남자는 여자에 비해 자살 가능성이 세 배에 이르고, 알코올과 약물 남용 가능성도 훨씬 높다.[16] 알코올, 마약, 자살 등을 통한 탈

정신건강과 남자들

2015년, 런던 프라이어리 정신병원The Priory Hospital은 본인의 정신건강에 대한 남자들의 태도를 파악할 목적으로 남성 1,000명을 대상으로 설문조사를 시행했다. 조사 결과, 응답자의 77%가 불안증/스트레스/우울증에 시달리는 것으로 드러났다.[17] 더욱이 그중 40%는 상태가 극도로 나빠져서 자해나 자살을 생각하게 되기 전까지는 전문가의 도움을 받을 생각이 없다고 답했다. 그중 5분의 1이 도움을 받지 않는 이유로 오명(진료기록)이 남기 때문이라고 했고, 16%는 '나약'하게 보이는 게 싫어서라고 했다.

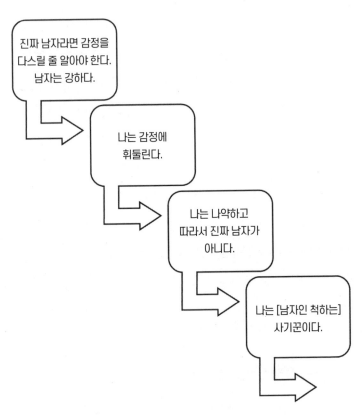

정신건강 문제가 남자에게 사기꾼증후군을 일으키는 과정

출이라는 부적응성 대처법들이 전문가의 도움을 구하는 건강한 전략을 대체하는 불상사가 일어난다. 사기꾼 감정에 대한 두려움은 사람들에게, 특히 남자들에게 치명적인 위험을 초래한다.

정신건강과 남성 군복무자

남자 가운데서도 군 종사자, 특히 외상 후 스트레스 장애Post-Traumatic Stress Disorder, PTSD 같은 정신건강 문제를 겪는 사람들은 사기꾼증후군에 몹시 취약하다. PTSD는 전쟁, 범죄, 사고 같은 극도로 충격적인 사건을 경험한 사람에게 생기는 심리적, 정서적 고통을 말한다. 물론 지금은 여자들도 군대에 가고, 따라서 PTSD를 겪을 위험에 똑같이 노출된다. 하지만 전통적으로 군대는 남성의 영역이자 마초 문화가 지배하는 곳으로 통한다. PTSD는 군대에서 가장 흔하게 보고되는 정신건강 문제 중 하나다. 전쟁의 참혹한 경험들은 일반적인 스트레스 대응 능력을 넘어서는 심각한 정신적 외상을 안긴다. PTSD가 있는 군인은 자신이 남자로서의 자격은 물론이고 군인 자격도 없다고 느끼기 쉽다. 가짜 남자와 가짜 군인. 사기꾼 감정을 이중으로 겪는 것이다. 군대 자체가 정신건강 문제를 나약함과 연관시켜온 탓도 있다. PTSD에 해당하는 증세를 제1차 세계대전 때는 셸쇼크shell shock라고 불렀다. 당시에 셸쇼크는 '정서적 나약함'으로 간주된 것은 물론, 숫제 범죄로 취급받았다. 증상 때문에 전투 능력을 잃은 사람은 탈영이나 항명으로 기소됐고, 심지어 일부는 총살당하기도 했다.

이후 정신건강 문제를 나약함의 징후로 보는 태도는 줄어들긴 했지만 오늘날의 군대에도 남아 있다. 심리적 회복탄력성

psychological resilience을 매우 중요하게 여기는 조직문화 때문이다. 이 문제를 다룬 한 연구는 군지휘자들이 심리치료 서비스를 이용하는 복무자들을 더 부정적으로 보며, 신체적 질병보다 정신 질환을 터부시하는 경향이 있음을 보여준다.[17] 또 다른 연구는 이라크나 아프가니스탄에 파병된 후 PTSD를 얻은 사람들의 치료에 대한 거부감을 조사했다. PTSD를 겪는다고 밝힌 설문 참가자 가운데 40%만이 심리치료 서비스에 관심이 있다고 응답했고, 25%만 실제로 치료를 받았다.[18] 이렇게 활용률이 저조한 이유는 거기에 따라붙는 오명 탓이다. 도움이 필요하다고 인정하는 순간 나약함이라는 낙인이 찍히고 만다.

정신건강 문제를 가진 남자 군인들은 남성성 부족 징후에 대한 비난이나 공격 면에서 민간인 남자보다 불리한 처지에 놓인다. 남자답지 못하다는 무력감(민간인 남자들도 겪는 것)에다 진짜 군인이 아니라는 자괴감까지 이중고를 겪는다. 사기꾼증후군을 두 배로 앓는 셈이다.

케이스 스터디

마이크는 이라크전쟁 참전 중에 끔찍한 일을 여러 번 목격했다. 그중에서도 최악은 그의 소대가 탄 차량이 지뢰를 밟았을 때였다. 소대장이 그 자리에서 숨졌고 마이크 본인도 중상을 입어 장기 병가를 내야 했다. 하지만 그의 최대 문제는 몸의 부상이 아니라 사고 후유증으로 생긴 PTSD였다. 폭발 사건의 고통스러운 기억이 끝없이 그를 괴롭혔다. 그는 폭발의 순간을, 당시의 장면과 소리와 심지어 냄새까지 반복적으로 경험했다. 밤에는 악몽에 시달리다 공포에 사로잡혀 땀에 젖은 채 비명을 지르며 깨기 일쑤였다. 요란한 소리가 날 때마다 소스라쳤고, 풍선 옆에는 가지도 못했다. 행여 풍선이 터지면 발작하게 될까 봐 두려웠다. 이것이 공포증이 되어 레스토랑과 아이들 생일 파티 등 풍선이 있을 만한 곳들을 아예 피하게 됐다. 그는 군중에게도 공포를 느꼈다. 군중은 너무나 예측할 수 없었다. 그는 강박적으로 자신의 세상이 안전하고 예측 가능한 곳이기를 원했다.

군대가 심리치료를 제공했지만 마이크는 모든 도움을 거절했다. 그는 군 관계자들에게 자신은 멀쩡하며, 다만 물리적 부상이 임무 복귀를 막고 있을 뿐이라고 주장했다. 자신이 멀쩡치 않은 건 분명했지만 그것을 인정할 수는 없었다. 그는 오랫동안 심지어 스스로에게도 자신의 고통을 인정하지 못했다. 그는 정신건강에 문제가 있는 사람들을 나약한 사람들로 여겼고, 군인은 어떠한 충격과 시련에도 의연해야 하며 그렇지 못하면 직업을 잘못 택한 것이라고 굳세게 믿었다. 또한 여자 군인은 가끔씩 '당황'해도 무방하지만 남자 군인은 어떤 경우에도 울지 않는 터프가이 마초여야 한다고 생각했다. 이런 인식 때문에 그는 이중으로 괴로웠다. 그의 고통은 (자부심의 근원이었던) 남성성을 부인하고 군인으로서의 미래를 위협하는 것이었기 때문이다. 그는 군인 가정에서 태어나 18세부터 군인으로 살았다. 지금의 정신적 고통은 그에게 '너는 군인의 삶을 살 능력이 없다'고 말하고 있었다. 만약 정말 그렇다면 그에게 무엇이 남겠는가?

동성애 강박 장애

● ○

내 상담클리닉을 찾는 사람 중에 이 범상치 않은 심리 증상을 겪는 남자들이 최근 부쩍 늘었다. 이들은 대개는 결혼했거나 연애 상대가 있는 이성애자 남성(또는 이성애자로 보이는 남성)이다. 그런데도 자신이 사실은 동성애자라고 믿는다. 이들은 밤마다 몰래 게이 포르노를 찾아 보며 자신이 정말로 거기에 자극받는지 확인하고 또 확인한다(자신의 반응을 비교하기 위해서 이성애 포르노도 본다). 심지어 자신이 정말로 숨은 게이인지 확인하려고 다른 남자와 관계를 맺기도 한다. 이들은 또한 겉모습에 집착한다. 자신의 걸음걸이나 앉는 자세가 혹시 여성스럽지는 않은지, 또는 자기도 몰래 '게이' 같은 버릇이나 몸짓이 나오지는 않는지 걱정한다. 다른 남자와 단 둘이 있거나 너무 가까이 있는 것을 의식적으로 피하고, (수영장이나 체육관처럼) 남자들과 신체 접촉이 일어날 수 있는 상황도 피한다. 그러다 자칫 흥분이 돼서 비밀이 드러나는 불상사를 막기 위해서다. 이들에게는 게이로 오해받는 것이 가장 비참한 일이다.

이 강박의 밑바닥에 깔린 근원적 문제는 자신이 거짓된 삶을 산다고 믿는 데 있다. 모두에게는 '정상적인' 이성애자 남자로 보이지만 사실 자신은 동성애자이며 그 수치스러운 비밀을 숨기고 사는 사기꾼이라는 생각이 이런 동성애 혐오에 가까운 강박을 낳는다.

거짓 삶을 산다는 믿음은 자존감과 대인관계에 심각한 타격을 준다. 남자에게 성적으로 끌리지 않는데도 그 사실조차 이들을 안심시키지 못한다. 오히려 자신이 사실을 받아들이지 못하고 자신조차 속인다고 믿는다. 자신은 스스로와 가족에게까지 사기를 치는 사기꾼일 뿐이다. 이런 '사기꾼들'의 상당수는 아내나 애인에게 파렴치한 짓을 하고 있다는 자책감에 시달리고, 심지어 그중 일부는 (실제로는 남자에게 성적으로 끌리지 않는데도) 자신이 게이라는 것을 '고백'해야 하며 그 결과로 완벽했던 관계나 가정을 잃어도 할 말 없다고 생각한다. 가끔은 고백하기도 전에 아내나 애인에게 게이 포르노에 대한 '관심'을 들켜서 관계가 끝나기도 한다.

동성애 강박 장애homosexual obsessive compulsive disorder, HOCD는 엄연히 강박증의 일종으로 인정된 심리 증상으로, 이성애자 남성이 자신이 게이라는 공포에 사로잡혀 자신의 공포를 증명 또는 반증하기 위한 다양한 강박 행동을 하는 것을 말한다. 하지만 강박 행동은 일시적인 안도감만 줄 뿐, 확신을 얻은 지 하루 이틀 만에 다시 의구심이 고개를 들기 때문에 이들은 또 다시 더한 확신을 얻으려는 욕구에 사로잡힌다. 강박 장애 환자들의 약 10%가 HOCD를 가지고 있을 것으로 추정된다(HOCD 환자 중에는 남자보다 드물기는 해도 여자도 있다).[19]

HOCD 유발 요인은 널려 있다. 예를 들어보자. 잘생긴 남자를 보고 혹시 자신이 게이라서 잘생긴 남자가 눈에 들어온 걸까 하는 두려움이 생긴다. 그러다 남성용 속옷 광고에 눈길이라도 가면? 이렇게 자신이 남자에게 끌리는 남자라는 '증거'가 쌓여간다. 그런데 현실의 자신은 여자에게 성적 충동을 느끼는 이성애자로 살고 있기 때문에, 이런 증거들은 곧 자신이 사기꾼이라는 증거가 된다. 기를 쓰고 그런 생각에서 벗어나려 하지만 그럴수록 그 생각에 강하게 사로잡힌다. 이런 남자들은 얼마 안 가 자신이 이성애자의 가면을 쓴 게이라는 믿음에 병적으로 집착하게 된다.

HOCD 환자들은 성정체성에 대한 자존감이 낮은 경우가 많다. 이들의 성정체성은 남성이지만 자신이 전통적 남성 고정관념에 부합하지 않는다고 생각한다. 다시 말해 자신이 남자답지 못하다고 믿는다. 자신은 사기꾼인 것이다. 이들에게 가짜 남자란 곧 여자에게 매력을 느끼지 않는 남자다. 자신이 진짜 남자가 아니라는 생각은 자신이 숨은 게이라는 걱정으로 변하고, 이는 곧 HOCD로 악화된다.

HOCD 환자 가운데는 동성애를 적대시하고 게이로 불리는 것을 남성성에 대한 모욕으로 여기는 가정환경에서 자란 경우가 많다. 그런 사람일수록 자신이 게이가 아닐까 하는 두려움이 더 크다.

실제로 세상에는 정도의 차이는 있지만 동성에게 끌리는 남자가(물론 여자도) 많다. 바로 그 사실이 이 강박증을 더 부추긴다. 없는 일이 아니기에 더 무서운 것이다. 연구들을 보면 사람들 중 적게는 8%부터 많게는 37%가 평생 한 번 이상 동성과의 성적 상호작용 경험을 인정한다.[20] 상당수 남자가 한때 시험 삼아 동성애적 행위를 하고, 그중 일부는 이런저런 방식으로 계속 남자에게 끌린다. 이런 경험과 감정이 자신은 숨은 게이(또는 양성애자)이며 따라서 이성애자로서의 자기 삶은 사기극일 뿐이라는 생각을 낳고, 이는 결국 HOCD으로 이어진다.

케이스 스터디

근육질의 건장한 체격과 거친 말투. 데이브는 마초의 전형이었다. 그는 결혼했고 자녀도 있었다. 어느 날 그가 내 상담클리닉에 왔다. 그는 자신의 인생 전체가 거짓이고 자신은 클로짓 게이closet gay(본인만 알고 남들은 모르는 동성애자)라고 믿었다. 더는 그런 거짓된 삶을 살 수 없다며 이제는 비밀을 밝히고 아내와 헤어져 게이 남자로서 새로운 삶을 시작해야 할 것 같다고 했다.

내가 그에게 그렇다면 무엇 때문에 망설이는지 묻자, 그는 사실 자신이 게이라는 확신은 없다고 털어놓았다. 나는 남자와 섹스를 하고 싶은 건지 단도직입적으로 물었다. 그는 그렇지는 않다고 단호히 말했다. 원하기는커녕 그런 생각만 해도 구역질이 난다고 했다. 그러면서 게이 남자를 혐오하는 건 아니라고 주장했다. 내가 그에게 여자들에게 성적 매력을 느끼는지 묻자 그는 그렇다고 확신했다. 그는 아내와의 섹스를(그리고 가끔은 다른 여자들과의 섹스도) 갈망했다. 분명히 그는 남자가 아니라 여자를 좋아하는 사람이었다.

그런데 대체 왜 그는 자신을 게이라고 생각하는 걸까? 알고 보니 그는 15세 때 동성애적 접촉을 한 경험이 있었고, 이후 그 생각을 자주 했다. 그때의 경험이 딱히 섹스는 아니었지만, 그 생각에 집착하는 것 자체가 그에게는 자신이 비밀스러운 게이라는 뜻이었다. 자신이 '진짜 남자'가 아니라고 믿었고, 그건 아내에게 못할 짓이었다. 그는 내게 자신의 '비밀'을 아내에게 고백해야 할지 물었다.

내가 봤을 때 데이브는 전혀 게이가 아니었다. 심지어 양성애자도 아니었다. 그의 두려움은 자신의 남성성에 대한 불안감이 낳은 망상에 지나지 않았다. 그는 결혼 전에 여자들과 미친 듯이 연애했고, 결과적으로 바람둥이라는 평판까지 얻었다. 자신의 남성성을 증명하기 위해서였다. 그는 운동을 열심히 해서 탄탄한 복부 근육을 자랑했다. 그것도 남성성을 증명하기 위한 것이었다. 나중에 알았지만 그는 어렸을 때 또래보다 발육이 늦었다. 몸집이 작은 탓에 학교에서 조롱과 놀림을 받았다. '게이' 또는 '계집애'라고 놀림받던 경험은 남성성에 대한 불안감을 낳았고, 이는 결국 HOCD라는 병이 되었다.

소아성애 강박 장애

● ○

이는 동성애 강박증의 희귀 변종이다. 사기꾼증후군을 더 강하게 반영한다. 이 강박증을 가진 남자는(주로 남자다) 자신에게 소아성애 성향이 있다는 두려움에 시달린다. 그는 자신이 어린이(남자아이와 여자아이 모두)에게 성적으로 끌리는 게 아닐까 끝없이 노심초사하고, 그 걱정에 사로잡혀 자신이 정말로 특정 이미지에 성적 자극을 받는지 강박적으로 확인한다. 이렇게 자기는 소아성애자 같은 괴물이 아니라는 확신을 구하려 애쓰다가 오히려 아동 포르노라는 추악한 세계를 접하게 되는 경우가 많다. 그는 그런 이미지들을 역겨워하는 자신을 발견하고 안심하지만 그 안심은 오래가지 않는다. 어느새 다시 의심이 스멀스멀 올라온다. 혹시 다른 타입의 이미지에는 더 끌리지 않을까(다른 젠더/나이/머리색 등)? 당연히 이런 확인 행동은 자칫 발각되면 적지 않은 문제를 불러온다. 실제 소아성애자로 오해받고도 남는다. 그 경우 자녀들에 대한 접근 금지 처분을 받을 수도 있다.

동성애 강박증처럼 소아성애 강박증도 사기꾼증후군의 변종이다. 이 강박증을 가진 남자는 자신이 남자 자격 또는 인간 자격이 없는 사기꾼이라는 공포를 갖고 산다. 그가 상상할 수 있는 최악의 인간이 소아성애자다. 따라서 그는 인간 말종인 것이다. 남들은 그를 모범 시민으로 생각하지만 막상 그는 자신을 강직한 시민의 가면을 쓴 사악한 악마라고 생각한다.

대처 요령과 전략

● ○

지금까지 사기꾼증후군의 여러 유형 가운데 남자들이 겪는 유형들을 알아봤다. 이제 그것과 싸울 전략들을 알아보자. '남자답다는 것'에 대한 고정관념을 극복하기 위한 자가진단 테스트를 먼저 소개하고, 그다음으로 남녀 구분 없이 누구에게나 유용한 대응 전략들을 제안하려고 한다. 그리고 다른 장들의 끝머리에 있는 대처법들도 참고하기 바란다.

남자용:

남성 고정관념 테스트

이 테스트는 자신이 '3대' 남성 고정관념—성공한 사업가, 운동선수, 패밀리맨—에 얼마나 사로잡혀 있는지 돌아보기 위한 것이다. 고정관념은 특정 집단에 대해 과도하게 또는 부정확하게 일반화된 이상형을 말한다. 그런 이상형들에 가치를 많이 두는 사람일수록 사기꾼증후군에 취약하다. 이 테스트로 자신이 어떤 남성 고정관념에 휘둘리고 있는지 알아보자.

1. **사회적 위상**

매우 중요하다									전혀 중요하지 않다
1	2	3	4	5	6	7	8	9	10

2. **재정적 성공**

매우 중요하다									전혀 중요하지 않다
1	2	3	4	5	6	7	8	9	10

3. **몸을 탄탄한 근육질로 유지하는 것**

매우 중요하다									전혀 중요하지 않다
1	2	3	4	5	6	7	8	9	10

4. **힘과 체력**

매우 중요하다									전혀 중요하지 않다
1	2	3	4	5	6	7	8	9	10

5. **자녀의 중요한 행사에 빠짐없이 참석하는 것**

매우 중요하다									전혀 중요하지 않다
1	2	3	4	5	6	7	8	9	10

6. **주말에 자녀와 즐거운 시간을 보내는 것**

매우 중요하다									전혀 중요하지 않다
1	2	3	4	5	6	7	8	9	10

점수 분포를 내보자. 자신이 어떤 남성 고정관념에 가장 강하게 사로잡혀 있는지 알 수 있다. 그것을 인정하는 것이 거기서 벗어나는 첫걸음이다. 1번과 2번의 점수가 4점 미만이면 '사업가' 고정관념이 강한 사람이고, 이것이 사기꾼증후군을 유발할 수 있다. 3번과 4번의 점수가 4점 미만이면 '운동선수' 고정관념이, 5번과 6번의 점수가 4점 미만이면 '패밀리맨' 고정관념이 사기꾼증후군을 부르기 쉽다. 두 가지 이상의 고정관념에서 4점 미만인 사람은 사기꾼증후군에 걸릴 위험이 그만큼 더 높다. 두 가지 이상의 영역에서 이상형을 이뤄내기란 아주 어렵기 때문이다. 그러다 이뤄내지 못하면 자기 자신을 남자로서 많이 부족한 남자, 남자답지 못한 남자로 인식하게 된다.

최선의 조언은 자신의 정신건강을 적극적으로 챙기고, 전문가의 도움을 받는 것을 두려워하지 말라는 것이다. 또한 직장의 남자 동료나 주변 남자들에게 감정 표현은 나쁜 게 아니라는 것을 일깨워주자. 솔직한 심경은 오명이 아니다. 현대 사회에서 남자답다는 것의 진정한 의미가 뭔지 다시 생각해볼 때다.

공용:

연습 1: 사기꾼 '커밍아웃'

남들에게 사기꾼 감정을 고백하기가 두려운가? 대다수 사기꾼은 '커밍아웃'을 겁낸다. 자신은 남들이 생각하듯 잘나지 못했다는 자격지심을 남들에게 고백하는 순간 자신의 가면이 벗겨지고 모두가 '진실'을 보게 될 것이라고 생각한다. 이들은 사기꾼증후군을 꽁꽁 숨겨야 할 더러운 비밀로 여긴다. 사기꾼은 자신이 사기꾼이라는 것을 비밀에 부치면서도 진실을 감추는 것에 죄책감과 수치심을 느낀다.

하지만 감정을 털어놓는 것이 진정한 해결책이다. 알고 보면 주변 사람 중에서 적어도 70%가 나와 같은 마음고생을 하고 있을 수 있다. 믿을 만한 동료나 선배, 또는 친구에게 말하자. 블로그에 쓰거나 트윗을 하는 것도 좋다. 어떤 방식으로 공개하든 내게 동조하는 '커밍아웃'이 줄을 이을 것이다. 내가 혼자가 아니라는 것을 아는 것이 이 증후군을 정확히 이해하고 이겨내는 특효약이다. 사기꾼증후군은 현실의 반영이 아니다. 극복해야 할 심리 증상이다.

연습 2: 더 실수하기

사기꾼들은 완벽하지 않은 것들을 못 견뎌하고 어떻게든 실수를 피하려 전전긍긍한다. 무리하게 열심히 해서라도 실수가 없어야 자신이 일을 잘한다는 안도감을 챙길 수 있다. 하지만 무오류성은 비현실적인 목표이며 사기꾼증후군을 악화시킬 뿐이다.

문제는 우리가 실수에 대한 인내심이 낮은 문화에서 산다는 것이다. 이 문화는 많은 사람에게, 특히 직장인들에게 행여 잘못한 건 없는지 끝없이 확인하게 만드는 강박 장애obsessive compulsive disorder, OCD를 안긴다. 이 문제로 내 상담클리닉을 찾는 사람이 계속 많아진다. 우리는 그 어느 때보다 실수를 두려워하는 시대에 산다. 특히 직장 문화는 나날이 경쟁이 심해지는 세상에서 살아남기 위해 돈이나 평판에 손해를 줄 수 있는 실수들을 조금도 용납하지 않는 방향으로 흘러간다.

하지만 실수의 미덕을 인식하는 조직들이 늘고 있다. 실수 공포증 문화의 문제는 직장인들을 위험기피자와 안전주의자로 만들고, 나아가 공포로 얼어붙어 일을 제대로 처리하기 어려운 상태로까지 내몬다. 실수가 환자의 생사와 직결되는 의사조차도 때로 위험을 감수한다. 실수를 피하려 무작정 조심만 하는 게 좋은 걸까? 오히려 더 나쁜 결과로 이어질 수 있다. 세계적 경영학자 피터 드러커Peter Drucker, 1909~2005도 이 문제를 냉혹하게 지적했다. 그는 기업들에 실수하는 사람들을 해고하기보다 절대 실수하지 않는 사람들을 해고해야 한다고 했다. 단 한 번도 실수하지 않는 사람은 어떤 흥미로운 것도 시도하지 않는 사람이기 때문이다.[21] 더구나 사람과 조직은 실수에서 배운다. 뭐라도 잘못될까 봐 몸을 사리는 직원만 있는 기업은 성장하기 힘들다. 2002년 〈하버드 비즈니스 리뷰Harvard Business Review〉의 기사가 지적한 것처럼, "위험 감수를 금기시하고 도전에 따르는 실수에서 배우

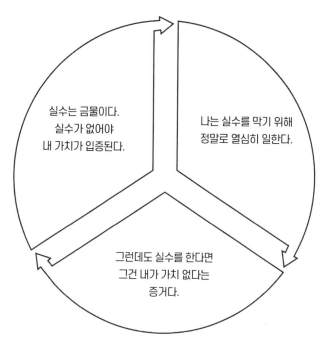

실수는 금물이다.
실수가 없어야
내 가치가 입증된다.

나는 실수를 막기 위해
정말로 열심히 일한다.

그런데도 실수를 한다면
그건 내가 가치 없다는
증거다.

사기꾼증후군이 있는 사람이 실수를 대하는 방식

기를 꺼리는 기업에서는 획기적인 제품이나 기술이 나올 수 없다."[22]

기업만 실수에서 배우고 발전의 기회를 얻는 건 아니다. 〈허핑턴포스트Huffington Post〉 기사에 따르면 "실수는 우리에게 자신을 받아들이는 법을, 우리가 결함 있는 존재로서 사랑받을 수 있다는 것을 가르친다."[23] 실수를 한다고 못난 인간이 아니라는 것을 배워야 한다. 자기수용과 자존감이 완벽함에 의존해서는 안

된다. 완벽 추구는 반드시 실패로 이어지기 때문이다.

우리는 자신의 실수와 결점에 조금은 관용을 베풀 필요가 있다. 실수와 결점이 우리의 전반적인 능력을 깎아먹지 않는다는 것을 깨닫자.

실수를 받아들이는 태도는 특히 아이에게 중요하다. 아이들에게는 이것저것 시도해보고 실수해볼 것을 장려해야 한다. 아이의 숙제를 고쳐주고, 프로젝트를 대신 해주고, 시험에서 100점 맞으라고 닦달하는 것을 멈추자. 자녀가 사기꾼 감정에 빠지지 않도록 돕는 방법에 대해서는 6장과 7장에서 더 다룬다.

이제 실행에 옮겨보자. 표를 하나 그린다. 왼편에는 과거에 했던 실수를 다섯 가지 이상 쓰고(예를 들어 코치나 선수로 참여한 축구팀이 예선 탈락한 일, 본인 실수나 오판으로 거래를 놓친 일 등), 오른편에는 각각의 실수에서 배운 것을 적는다. 이런 연습이 자신의 실수를 받아들이고, 그것을 배움의 기회로 보게 해준다.

실수	배운 것
동료에게 그의 몸무게를 언급했는데, 나중에 알고 보니 내 말이 그를 몹시 불쾌하게 했다.	내 외모도 완벽하지 않다. 앞으로 남의 외모를 언급할 때 좀 더 신중해야겠다.
짐 무게를 사전에 재보지 않은 바람에 공항에서 추가비용을 엄청 물고 심하게 스트레스를 받았다.	나도 인간이라서 실수했다. 하지만 다음부터는 짐 무게를 미리 확인하자.

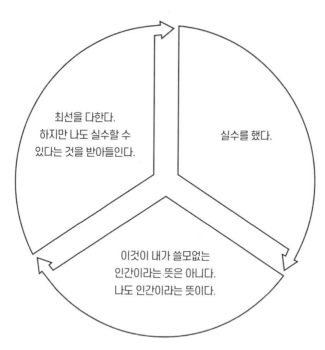

사기꾼증후군이 없는 사람이 실수를 대하는 방식

연습 3: 성공에 대한 관점 바꾸기

우리 사회가 성공을 정의하는 견해들은 상당히 고정적이고, 사회적 지위와 재정적 부가 그 가치척도의 중심에 있다. 우리는 이 고정관념을 깰 필요가 있다. 어쨌거나 돈과 지위가 행복을 뜻하지는 않는다. 사람들은 대부분 행복하기 위한 버킷리스트의 맨 위에 돈을 놓는다. 1년에 몇천 유로만 더 벌 수 있다면 얼마나 행복할까! 하지만 이에 관한 연구들은 돈은 우리를 어느 정도까지만 행복하게 해줄 뿐임을 반복적으로 보여준다. 삶의 기본 필요를 해결하고 거기에 몇몇 호사를 허용할 만큼의 돈은 꼭 필요하다. 하지만 그 상태를 넘어서면 돈이 더 많아진다고 해서 딱히 더 행복해지지 않는다.《행복에 걸려 비틀거리다》(2006)의 저자 대니얼 길버트 박사가 미국에서 행한 조사에 따르면, 가계소득이 5만 달러 미만일 때는 소득과 행복이 비례하는 경향이 있지만 가계소득이 그 이상이 되면 돈과 행복의 연관성이 줄어든다.[24] 다시 말해 1년에 5만 달러를 버는 미국인은 1년에 1만 달러를 버는 미국인보다 훨씬 행복하지만, 1년에 500만 달러를 번다고 해서 1년에 10만 달러를 버는 사람보다 항상 행복한 건 아니다.

사람은 더 많이 가질수록 더 많이 원하기 때문이다. 최신 스마트폰만 가지면 행복할 것 같지만, 일단 그걸 사는 즉시 요즘 핫한 신종 태블릿을 갈망하게 된다. 원하는 것을 손에 넣으면 아주 짧은 동안만 반짝 행복할 뿐, 곧바로 다른 것을 욕망하게 된다. 부유한 사람들이라고 해서 남부러울 것 없는 사람들은 아니다. 그들의 상대적 우월감도 끝없이 높아지는 기대수준이 계속 채워지지 못하면 실망감으로 바뀔 뿐이다.

로또에 당첨됐다고 상상하자. 하루아침에 부자가 됐다! 행복감이 하늘을 찌른다. 집도 사고 차도 사고 여행도 다니며 돈을 펑펑 쓴다. 그러다 내가 더는 주변 사람들과 어울리지 않는다는 생각이 든다. 친구들은 이제 내 동류가 아니라 나의 높아진 생활

수준을 시기하는 사람들일 뿐이다. 이제는 나와 생활수준이 맞고 경제적으로 여유 있는 사람들과 어울리는 것이 훨씬 마음 편하고 즐겁다. 하지만 얼마 안 가 새로운 무리에서 나보다 잘사는 사람들을 발견한다. 나보다 더 좋은 차, 더 좋은 집을 가진 사람들. 갑자기 내가 가진 것이 불만스러워지고, 더 많은 것을 바라게 된다.

이것을 쾌락의 쳇바퀴hedonic treadmill라고 한다.[25] 걷거나 뛰는 속도를 러닝머신의 속도에 맞추듯 기분이 삶의 환경에 적응하는 것을 말한다. 로또 당첨자들의 폭발적인 행복감은 겨우 두 달 만에 기준선 수준으로 떨어진다. 불행도 마찬가지다. 하반신 마비가 된 사람도 몇 달 후에는 기준선 수준의 행복감을 회복한다.

돈이 행복과 무관하다는 말은 아니다. 돈은 행복을 느끼게 하는 많은 것들에 다가갈 기회를 준다. 예를 들어 자녀와 더 많은 시간을 보낼 여유, 더 넓은 사교 기회, 더 다양한 재충전 방법을 제공한다. 모두 행복과 바로 연결되는 것들이다. 하지만 부 자체를 성공의 척도로 믿는 것은 성공의 의미를 오해하는 것이다. 행복이 성공이다. 행복한 사람은 돈은 많지만 불행한 사람보다 확실히 더 성공한 사람이다. 돈이 행복에 기여하는 바는 있지만 그것만 가지고는 행복할 수 없다.

사기꾼증후군 환자들은 대개 자신의 성공과 성취를 진정한 행복이라는 눈에 보이지 않는 미지의 상태보다 (구체적이고 가시적인) 물리적 여건에 견주어 평가한다. 이것이 친구들이 10만을 벌 때 나는 8만을 버는 쪽보다 친구들이 3만을 벌 때 나만 5만을 버는 쪽이 선호되는 이유다. 후자의 경우에는 남들에 비해 '성공'한 기분을 느낄 수 있지만, 전자의 경우에는 비록 버는 돈은 더 많지만 친구들만큼 '성공'했다는 기분은 느낄 수 없다. 이렇게 물질적 비교우위에 근거한 성공 측정 방법을 버리면, 내가 '해냈다'는 자신감을 더 챙길 수 있다.

자신이 생각하는 성공의 척도는 무엇인지 써보자. 언제 '그래, 내가 해냈어'라는 생각이 드는가? 다음에는 그 척도를 반박해보자. 어째서 그것이 성공 지표란 말인가? 아래에 예시가 있다.

나의 성공 지표	이 지표에 대한 반박
지위와 인정: 나는 남들이 나를 성공한 사람으로 봐주길 원한다. 성취감을 느끼는 것만으로는 부족하다.	나에 대해 평가할 때 내게 정말로 중요한 것은 누구의 평가인가? 친구들? 가족? 어떤 친구들? 진정한 친구들의 평가가 진짜 아닐까?
돈	얼마를 벌어야 성공했다는 말을 들을 수 있을까? 그 이유는? 그러면 내가 과연 더 행복해질까?

5장

사회성 사기꾼

직장 너머의 증후군

Why Do I Feel Like an Imposter

지금까지는 주로 일과 관련된 사기꾼증후군을 살폈다. 전통적으로 사기꾼증후군은 직장과 연관돼 있었고, 그렇다보니 업무 환경 밖의 사기꾼증후군을 다룬 연구나 자료는 별로 없는 편이다. 그만큼 사기꾼증후군은 커리어를 쌓는 데 매진하는 사람들의 발목을 잡는 무언가로만 여겨진다. 하지만 사기꾼증후군은 직장 영역 너머까지 퍼져 있고, 이것이 자신감, 정신건강, 자존감에 끼치는 악영향도 직장 내 사기꾼증후군의 폐해에 못지않다. 이번 장은 사기꾼증후군이 기승을 떠는 사회영역 중에서 대표적인 세 곳을 둘러보고, 그 이유와 영향과 대처법을 알아본다. 우리가 살필 사기꾼 유형들은 다음과 같다. 자신의 선행이 충분치 않다고 믿는 착한 사람, 친구들에 둘러싸여 있지만 친구가 없다고 느끼는 인기인, 겉보기에는 모든 것을 가졌지만 행복하지 않은 사람. 여기 덧붙여 독실한 사기꾼도 짧게 언급한다. 이번에도 장의 끝머리에는 이 유형들의 사기꾼 감정을 극복하기 위한 요령과 전략을 제시한다.

박애주의자 사기꾼

● ○

주변에 이런 사람이 꼭 한 명씩은 있다. 항상 남을 도울 생각만 하는 것 같은 친구나 지인. 이들은 모든 일에 가장 먼저 자원하고, 여가시간을 양로원에서 봉사하고 제3세계 조산아들을 위한 모자를 뜨며 보낸다. 직접 음식을 해서 병자와 유족에게 가져가고, 구호단체의 마라톤 행사에 참가하고, 직장에서 모금이 있을 때마다 후하게 기부한다. 짧게 말해서 이들은 선행자다.

그런데 막상 자기가 선행을 한다고 생각하는 선행자는 별로 없다. 남들이 자신의 선행을 칭찬하면 이들은 예외 없이 그걸 부정한다. '아이, 아무것도 아니에요.' 겸손한 척 내숭떠는 게 아니다. 그중 다수가 자신을 사기꾼으로 여긴다. 천사의 가면을 쓰고 모두를 속이고 있는 사기꾼. 그뿐 아니다. 심한 경우는 자신이 선행을 하는 것도 궁극적으로는 이기적인 동기에서 나온 것이라고 여긴다.[1]

내가 우울증을 겪는 사람들을 위해 개발한 심리치료 프로그램 중에 '행복까지 10분10 Minutes to Happiness'이라는 것이 있다.[2] 이 프로그램의 참가자는 자신의 선행을 일지처럼 기록한다. 주위에 소소하게 베푼 친절도 포함이다. 남들에게 친절을 베풀고 선행하면 기분이 좋아지고 나아가 건강까지 좋아진다는 게 여러 연구가 일관되게 말하는 내용이다. 규칙적으로 선행하는 사람은 자신이 사회에 기여하고 있으며 삶의 목적을 가지고 있다고 느낀다. 자신의 선행을 기록하는 일은 자신이 사회에 가치를 더하는 좋은 존재임을 자각하는 데 도움이 된다. 그런데 잘한 일을 적으라는 것이 그렇게 어려운 요구인지 나는 미처 몰랐다. 참가자들은 자신이 한 착한 일을 떠올리고 인정하는 것을 몹시 불편해한다. 내가 그들의 선행을 입에 올리면 그들은 서둘러 '별것 아닌 일'이라며 못 들은 척한다.

왜 그럴까? 어째서 수많은 착한 사람들이 자신이 하는 일을 좋은 일로, 유용하고 선량하고 사회에 이바지하는 일로 인정하는 데 이렇게 애를 먹는 걸까? 어째서 이들은 자신을 사기꾼으로 생각하는 걸까? 어째서 자신은 남들이 생각하는 만큼 좋은 사람도 착한 사람도 아니라고 믿을까? 물론 실제로 선량한 사람들의 대다수가 겸손하며 나부대지 않는다. 하지만 사기꾼증후군은 이 겸손함이 지나쳐 극단으로 흐른다.

거기에는 몇 가지 이유가 있을 수 있다. 그중 하나는 선행의 의미와 그것을 하는 이유와 관련이 있다. 사람들은 정말로 선한 사람은 보상에 대한 아무 기대도 사심도 없이 좋은 일을 한다고 믿는다. 생색내지 않는 것, 그것이 진짜 선의의 특징이다. 그래서 선행이 알려져도 거기서 얻는 어떠한 이득도, 심지어 칭찬이 가져오는 뿌듯함마저도 거부하려 든다. 그러려면 선행의 반대급부가 생기지 않게 선행의 가치를 깎아내려야 하고, 이것이 애초

선행에 우쭐하면 그걸 선행이라 할 수 있을까?

정상적인 사람이라면 남에게 친절을 베풀면 기분이 좋다. 그런데 여기서 선행자의 진짜 동기에 대한 의문이 제기된다. 이것이 내가 2015년에 발표한 책《선행 나누기Paying It Forward》에서 탐구한 주제이기도 하다.[3] 그런데 물질적 보상이 거의 없거나 전혀 없는데도 또는 아무도 보는 사람이 없는데도, 심지어 자신에게 엄청난 비용이 따르는데도 선행을 베푸는 사람들은? 이런 사람들의 동기는 진정한 이타주의라고 할 수 있지 않을까? 하지만 이 경우에도 저변에 이기적인 동기가 작용한다는 주장이 있다. 타인의 삶을 개선하려는 욕망보다, 자신이 선하고 가치 있고 우수한 사람이며 남보다 바람직한 사람이라는 기분을 느끼려는 욕망이 더 크게 작용한다는 것이다. 즉 자기만족감과 우월감 추구가 선행자의 동기일 수 있다는 얘기다. 거기에 타인의 고통을 줄이는 데 일조했다는 안도감도 무시할 수 없다.

하지만 설령 이기적 동기가 작용한다 해도 그것이 선행자의 내재적 선의를 무효화하지는 않는다. 돕고자 하는 강한 욕망에 따라 행동하고 결과적으로 자족감이라는 보상을 받는 이들은 분명 훌륭한 사람들이다. 이들이 선행에서 어떤 심리적 이득을 얻든 그것이 선의를 무효화하지 않는다. 다만 선행자 사기꾼은 그렇게 생각하지 않는 게 문제다.

의 선의 자체를 부정하는 것으로 이어진다.

선행자 사기꾼은 자신의 선행이 아무것도 아니라고 믿는다.

문제는 사람들이 계속 칭찬을 하는 것이다! 이것이 인지부조화를 일으킨다. 칭찬을 사실로 인정하자니 선행에서 득을 보는 꼴이 되고, 그것은 사기꾼이 볼 때 더는 선행이 아니고, 그렇다고 선행을 부정하면 그땐 정말로 사기꾼이 된다. 모두가 자신을 선행자라 부르지만 사실은 아니다! 딜레마가 아닐 수 없다.

또 다른 설명도 있다. 선행자 사기꾼은 진심으로 자신의 행동을 대수롭지 않게 볼 수도 있다. 이 경우 그들은 자기 선행을 구태여 수고롭게 부정할 필요가 없다. 정말로 대수롭지 않게 생각하니까. 일에서 성공한 직장인들을 괴롭히는 생각회로가 착한 일에서 '성공한' 사람들에게도 똑같이 작동한다. 1장에서 말한 사기꾼증후군의 세 가지 대표적 특징을 기억하자(15쪽 참고). 사기꾼증후군의 기준을 '일에서 성공'에서 '착한 일에서 성공'으로 바꿔도 이 특징은 똑같이 유효하다.

1. 남들이 자신의 선의를 과대평가한다는 믿음.
2. 그다지 착하지 않은 정체가 드러나고 가짜로 들통 날 것이라는 공포.
3. (선행에) 성공한 원인을 운 같은 외부 요인으로 넘기는 경향. '나는 마침 그때 거기에 있었을 뿐이야.' '누구라도 똑같이 했을 거야.'

나는 선행을 했다.

사람들이 나를 착한 사람으로 칭찬한다.

그 말을 믿으면 나는 기분이 좋아질 것이고, 그것은 내가
선행으로 득을 본다는 뜻이다. 그러면 내가 득을 본 것이므로
그것은 결국 선행이 아니라는 뜻이 된다.

이제 나는 인지부조화 상태에 놓였다.
사람들은 내가 착한 사람이라고 하고, 나는 아니라고 한다.
따라서 나는 사기꾼이다.

나는 선행을 선행이 아닌 걸로 부정한다.
'나는 착한 사람이 아냐. 그건 아무것도 아니었어.'

선행자 사기꾼의 생각회로

　사기꾼증후군을 앓는 성공한 직장인들처럼, 선행자 사기꾼들
도 사기꾼 정체가 발각되는 두려움을 느끼며 산다. 생각해보라.
아무리 착한 사람도 자신이 남들 생각처럼 착한 사람이 아니라
는 증거를 산처럼 모을 수 있다. 그는 자신이 다들 생각하는 만
큼 좋은 사람이 아니라는 증거들, 즉 자신이 친절을 베풀지 않았
던 경우들만 골라 모은다. 그는 자신이 가끔은 남에게 야박한 말

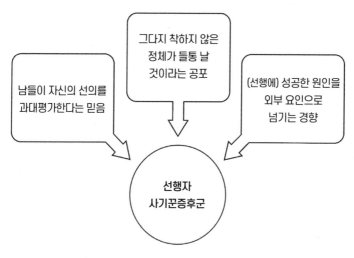

남들이 자신의 선의를
과대평가한다는 믿음

그다지 착하지 않은
정체가 들통 날
것이라는 공포

(선행에) 성공한 원인을
외부 요인으로
넘기는 경향

선행자
사기꾼증후군

선행자 사기꾼에 적용한 사기꾼증후군의 3대 특징

을 하고 가끔은 노숙자를 그냥 지나치는 나쁜 사람이라는 것을
'알기' 때문에, 그걸 감추기 위해서 더 많은 선행을 베풀어야 한
다는 강박을 느낀다. 하지만 다른 모든 사기꾼과 마찬가지로, 아
무리 선행에 힘써도 자신은 모두가 생각하는 착한 사람이 아니
라는 기분을 떨쳐내기란 쉽지 않다.

선행자 사기꾼의 아킬레스건은 스스로 선행에 부여하는 가치
다. 이들에게는 그것이 가장 중요하다. 남을 위한 선행과 봉사를
재정적 성공이나 사회적 지위보다 중시하는 가정에서 자랐을
가능성이 크다. 이들은 자라면서 이 가치를 반드시 지켜야 할 가
치로 내면화했다. 문제는 이들도 다른 사기꾼들처럼 완벽주의자

케이스 스터디

에런은 봉사활동에 열심인 젊은이다. 내가 처음 만났을 때 그는 28세였는데 이미 그의 인생에서 선행은 중요한 부분이었다. 고등학교 졸업 후 대학 가기 전 1년을 아프리카에서 학교를 짓는 데 보냈고, 그 후로도 아프리카에 네 번이나 더 다녀왔다. 그는 다양한 모금 활동을 통해 여행 경비와 현지에서 필요한 재원을 조달한다. 이런 활동이 그의 인생에서 많은 부분을 차지한다. 그는 자선기금 모금을 위해서라면 마라톤, 낙하산 점프, 서커스 묘기 등 종류를 가리지 않고 참여했고, 일주일에 하루는 오후 내내 집에서 샌드위치를 만들어 당일 저녁에 길거리의 노숙자들에게 나눠준다. 그것도 모자라 그의 직업도 구호단체를 지원하는 일이다.

에런보다 더 좋은 일을 많이 하는 사람도 드물 것이다. 그런데 그가 내 상담클리닉에 왔다. 우울증 때문이었다. 그는 자존감이 바닥을 쳐서 자신이 무가치하게 느껴진다고 했다. 내가 그의 장점을 물었을 때 그는 할 말을 찾지 못했다. 그가 자신이 하는 일들을 드러내 말하기까지 꽤 오랜 시간이 걸렸다. 내가 그가 한 일들에 놀라움을 표하며 그것들은 그가 가치 있고 훌륭한 사람이라는 증거라고 말하자 그는 내 칭찬을 곧바로 부인했다. 이유는? "내가 좋아서 한 일일 뿐인 걸요." 그가 말했다. 그는 자선활동에서 자신이 얻는 게 너무나 많다고 했다. 신나는 경험들, 해외여행, 새롭고 흥미로운 사람들과의 만남 등. 따라서 자신이 한 것 중 어느 것도 선행으로 볼 수 없다고 했다.

그의 처지에서 더 견디기 힘든 점은 모두가 나처럼 반응하는 것이었다. 그가 남는 시간을 봉사에 바치는 것을 두고 다들 그를 성인처럼 치켜세웠고, 그럴수록 그는 자신이 사기꾼처럼 느껴졌다. 겸손이 아니라 정말로 그는 자신을 좋은 사람으로 생각하지 않았다(그는 남에게 불친절하게 굴던 경우들을 줄줄이 끄집어내며 자신의 선의를 부정했다).

라는 데 있다. 아무리 선행을 베풀어도 여전히 세상에는 도움이 필요한 사람이 너무나 많고, 따라서 이들은 진정한 선행자의 조건으로 설정한 높은 기준에 절대로 닿을 수 없다.

또 다른 설명도 있다. 반대로 선행자 사기꾼은 '이기적이다' 또는 심지어 '못됐다'는 꼬리표를 달고 성장한 사람일 수 있다. 그런 꼬리표는 자괴감을 낳고, 자신이 좋은 사람이라는 것을 증명하기 위해 남에게 친절하려 애써 노력한다.

1장에서 설명한 것처럼, 선행자 사기꾼의 경우도 자신이 좋은 사람이라는 것을 본질적으로 믿지 않기 때문에 선행 실천이 인지부조화를 불러일으킨다. 이들은 자신이 선행을 한다는 것을 인지하면서도 자신은 선한 사람이 아니라고 믿는다. 이런 불편한 모순을 해소하려면 두 가지 믿음 중 하나를 바꿔야 하는데, 자기확신('어쨌거나 나는 좋은 사람이 분명해')을 바꾸는 것보다는 자기 행동이 선행이라는 생각을 바꾸는 편이 더 쉽다('그건 사실 선행이라고 할 수 없어').

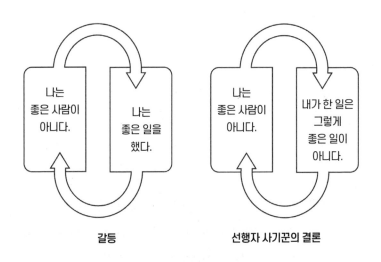

나는
좋은 사람이
아니다.

나는
좋은 일을
했다.

나는
좋은 사람이
아니다.

내가 한 일은
그렇게
좋은 일이
아니다.

갈등

선행자 사기꾼의 결론

인기인 사기꾼

● ○

내 친구 중에 인생이 파티의 연속인 듯한 친구가 있다. 그녀는 모든 곳에 초대받는다. 결혼식이든 생일파티든 지역에서 파티가 있는 곳이라면 어디든 그녀의 존재가 자리를 빛낸다. 주말에 그녀를 만나고 싶으면 적어도 석 달 전에는 미리 약속을 잡아야 한다. 지역에서 가장 핫한 맛집처럼 그녀 옆에는 좀처럼 자리가 나지 않는다. 잠깐이라도 자리가 비면 그녀와 시간을 보내고 싶어 안달이 난 사람들이 덥석 낚아채고 만다. 사실상 그녀는 지인들 사이에서 '셀럽'으로 통하고, 그녀 자신도 끊임없이 파티를 열면서 인기를 유지하는 데 최선을 다한다.

그런데 최근 이 친구와 어렵게 시간을 맞춰 커피를 마실 때였다. 그녀에게서 놀라운 고백을 들었다. 자신은 다들 생각하는 것처럼 그렇게 인기가 많지 않다는 것이다. 인기는커녕 '진짜' 친구는 거의 없어서 사실은 외롭다고 했다. 그녀는 파티의 여신이라는 자신의 평판이 불편하다고 했다. 사실 자신의 인기는 거품이란 걸 알기에 자신이 사기꾼처럼 느껴진다고 했다.

내 친구만 이런 게 아니다. 내 상담클리닉에도 이런 인기인 사기꾼들이 종종 왕림하신다. 이들(대개는 여자들)의 특징은 친구가 엄청 많다는 것이다. 하지만 모든 게 거짓이고 가짜며 사실은 아무도 자신을 좋아하지 않는다고 주장한다.

어째서 이런 일이 생길까? 다른 사기꾼들처럼 이 경우도 기본적으로 불안정감과 가치관의 문제다. 사람들은 자신이 가장 가치를 두는 것들에 대해 가장 불안감을 느낀다. 어떤 이들에게는 인기가 삶의 전부고, 따라서 이들은 인기를 얻는 데 열심히 투자한다. 그런데 얼마나 인기 있어야 충분히 인기 있는 걸까? 사기꾼 입장에서 어느 정도 인기면 자신이 인기인이라고 인정할까? 그런 날은 영원히 오지 않을 가능성이 높다. 다른 사기꾼들처럼 인기인 사기꾼도 인기가 높아질수록 기대수준도 함께 올라간다. 또는 다른 사기꾼들처럼 자신이 쌓은 성과를 무가치한 것으로 깎아내린다.

이쯤에서 사기꾼증후군의 3대 특징을 다시 소환해서 거기에 인기인 사기꾼을 대입해보자.

1. 남들이 자신의 인기를 과대평가한다는 믿음.
2. 그다지 인기 있거나 호감 가는 사람이 아니라는 정체가 드러나고 가짜로 들통 날 것이라는 공포.
3. (친구 사귀기에) 성공한 원인을 외부 요인으로 넘기는 경향. 인기인 사기꾼은 친구들의 인기를 모으기 위해 엄청난 노력을 기울인다. 지속적인 초대와 연락은 필수다. 이런 노력은 이들이 자신의 겉보기 인기를 부정하는 빌미를 준다. 즉 자신이 여기저기 초대받는 것은 그저 남들이 그동안 자신

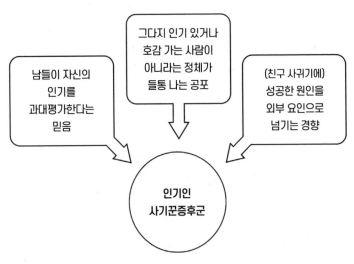

인기인 사기꾼에 적용한 사기꾼증후군의 3대 특징

에게 받은 베푼 호의와 환대에 답례하는 것일 뿐, 자신이 인기 있기 때문이 아니라고 믿게 된다.

케이스 스터디

마샤는 내 상담클리닉에 와서 외로움을 호소했다. 65세인 그녀는 최근 남편과 사별하고 비통함과 고독감에 빠져 있었다. 나는 마샤가 남편이 세상을 떠난 후 매일 집에서 침울하게 지낼 걸로 생각했다. 그런데 아니었다. 그녀는 예상 밖으로 매우 활동적인 사교생활을 하고 있었다. 월요일에는 브리지 게임 모임, 화요일에는 뜨개질 모임, 수요일에는 요가 수업, 목요일에는 성인교육 강좌에 다녔다. 금요일은 장을 보고 요리하는 날이었다. 주말마다 지인들을 초대해 디너파티를 성대하게 열기 때문이다. 두 아들과 손자들이 근처에 살고, 전국에 친구들이 있어서 통화도 자주 하고 놀러 가기도 했다. 또한 그녀는 페이스북도 열심히 했다.

나는 마샤의 활달하기 그지없는 사교생활과 외로움에 괴로워하는 내면 사이의 괴리에 어리둥절했다. 하지만 그녀의 말을 들으면서 나는 그녀가 인기인 가면 감정 때문에 고통받고 있다는 것을 깨달았다. 세상 사람들에게 그녀는 파티의 여왕이었지만, 정작 그녀는 그 모든 것이 가짜이며 진정한 친구라고 할 만한 사람 하나 없이 외로운 것이 자신의 현실이라고 생각했다. 그녀는 모임 멤버들이나 주말에 어울리는 사람들 중 누구도 진정한 친구로 여기지 않았고, 따라서 자신의 대외용 인기인 페르소나와 그렇지 못한 현실 사이의 괴리감에 괴로

워했다. 자신이 인기 있다고 느끼기는커녕 실제로는 슬프고 외로운 기분에 빠져 있었다.

　몇 번의 상담 세션 후 마샤가 찾는 것은 세상을 떠난 남편과 나눴던 친밀함을 대체할 관계라는 게 분명해졌다. 남편은 그녀에게 세상에서 가장 친한 친구였다. 그런 친구를 잃은 지금, 가벼운 친구들이 아무리 많아도 그들에게서는 진정한 이해와 돌봄을 받는 느낌이 없었다. 남편이라는 진정한 친구의 부재로 그녀의 가슴에는 누구도 채워주지 못할 커다란 구멍이 생겼다. 마샤는 자신을 가짜로 보았다. 그녀의 자기인식을 바꾸고 그녀의 내적 견해를 객관적 현실과 맞추는 데는 상당한 노력이 필요했다.

　이것이 인기인 사기꾼의 문제다. 이들은 사회적 환대와 실제 인기를 혼동하는 동시에 둘 사이에 괴리를 느낀다. 이들은 인기를 원하지만 자신이 받는 환대가 자신의 실질적 인기를 반영하지는 않는다고 여긴다. 사실 이들 중 일부는 지인이 너무 많아서 마치 친구를 수집하는 것처럼 보인다. 하지만 그렇게 많은 사람들과 모두 친밀한 관계를 유지하기란 어렵다. 대개는 인기인 사기꾼이 갈망하는 '참된' 우정이 아닌 가벼운 친목 관계에 머무른다. 그러다보니 남들 눈에는 친구들에게 둘러싸여 있지만 속으로는 외로움과 고립감을 느끼고, 결국 자신의 인기는 모두 허상이며 자신은 친구 하나 없는 신세라고 믿게 된다.

우리는 몇 명이나 사귀는가?

● ○

영국 진화인류학자 로빈 던바Robin Dunbar가 한 사람이 평균적으로 몇 명과 알고 지내는지 조사했다.[4] 결과는 약 150명이었다. 물론 요즘은 페이스북 '친구' 500명, 트위터 팔로어 2,000명 정도는 거뜬히 보유한 사람이 많다. 하지만 던바에 따르면 우리가 교분을 맺고 실제로 상호작용하는 범위는 150명 안팎이다. 이 150명도 다 '친구'는 아니다. 단지 우리 인생에 이렇게 저렇게 관여하는 사람들일 뿐이다.

150명의 지인을 몇 개의 동심원에 나누어 배치한다고 생각해 보자. 중심에 가깝게 도는 사람들은 나와 정말로 친한 친구들이고, 바깥 원일수록 나와 유대가 약한 사람들이다. 150명 가운데 고작 5명(또는 그 미만)만이 나의 이너서클(서클1)이다. 이들은 나와 인생을 깊이 나누고, 내게 힘을 주고, 나와 깊은 정서적 친분이 있는 진짜 친구들이다. 나와 엄청나게 상호작용하고 흔히 직접 만나 소통하며 고락을 나누는 사람들이다.

그다음 서클(서클2)에는 15명 정도가 있는데, 상호작용을 하며 유대관계를 만들지만 서클1의 쌍방 친구들만큼 가깝지는 않다. 내게 중요한 집단이지만 이너서클만큼 소중하지는 않다. 하지만 그 나름대로 훈훈하고 호혜적인 관계를 유지한다. 그다지 자주 만나거나 연락하지는 않지만 보게 되면 스스럼없이 다시 이어지는 관계다.

그 너머(서클3)에는 대략 50명 정도가 돈다. 이들은 친구라기보다 지인이다. 서로 알고 지내며 상호작용하지만 일부러 연락하거나 우연한 친목 이상의 지속적인 교제는 하지 않는다.

그 바깥에는 나머지 모두가 포함된 마지막 서클(서클4)이 있다. 오다가다 보는 사이일 뿐이고 의미 있는 관계는 아닌 사람들 70~80명이 여기 속한다. 어쩌다 마주치면 인사를 하거나 짧은

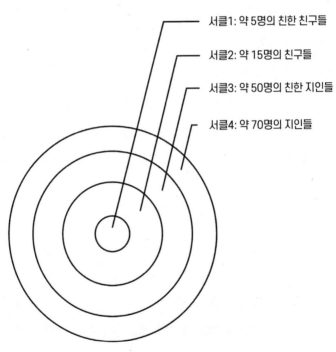

서클1: 약 5명의 친한 친구들

서클2: 약 15명의 친구들

서클3: 약 50명의 친한 지인들

서클4: 약 70명의 지인들

우리는 몇 명이나 사귀는가?

한담을 나눌 뿐 그 이상은 없다.

우리에게는 모든 서클이 중요하다. 서클1의 친한 친구들은 우리에게 심리적 안정과 정서적 유대감을 주고, 지원과 돌봄을 받는 기분을 준다. 그다음 두 서클은 즐거운 사회생활을 누리고 친화 욕구를 채우는 데 필요하다. 다시 말해 우리는 중간 서클들에서 사회적 소속감을 챙긴다. 바깥 서클도 중요하다. 우리는 생활 반경 안에서 누군가 나를 알아보고 나도 알아볼 얼굴들이 있다는 것에서 위안을 얻기 때문이다.

인기인 사기꾼의 문제는 이들이 사회적 환대를 통해 (아마도 스스로에게) 인기를 입증하는 데 급급한 나머지 이 인간관계 동심원 구도의 균형을 깨고 바깥 서클들을 과밀하게 만든다는 점이다. 가령, 서클3에 100명을 쓸어 넣고, 서클4에도 못지않게 많은 사람을 둔다. 남들 눈에 가장 잘 띄는 바깥 서클들이 잔뜩 붐비면 친구가 굉장히 많은 사람처럼 보일 수밖에 없다. 하지만 정작 이들의 이너서클(서클1)은 그만큼 옹골차지 못한 것이 현실이다. 이 불일치가 이들에게 사기꾼이 된 기분을 안긴다. 이들은 자신의 이너서클은 상대적으로 황량하다는 걸 안다.

이런 부류의 사회성 사기꾼 감정을 야기하는 데 소셜미디어가 큰 역할을 한다. 페이스북 같은 SNS 웹사이트는 친구 맺기를 위한 소셜 플랫폼을 표방한다. 하지만 실상 소셜미디어의 용도는 바깥 서클을 채울 사람들을 수집하는 것이다. 소셜미디어로는 사기꾼이 된 기분을 막아줄 서클1 친구들을 만들기 어렵다.

복 터진 사기꾼

● ○

마지막으로 살펴볼 부류의 사회성 사기꾼은, 남들 눈에는 완벽
하고 행복한 삶을 누리는 것처럼 보이지만 정작 자신의 현실은
딴판이라고 여기는 사람이다. 이 사람은 겉으로 보기에는 정말
모든 것을 다 가졌다. 재력, 행복한 가정, 아름다운 집, 이국적이
고 낭만적인 해외여행, 많은 친구들, 성공적인 커리어(또는 일하
지 않고도 풍족한 삶). 대체 뭐가 문제일까?

문제는 모든 것을 다 가진 사람도 성취감을 느끼지 못하면 사
기꾼 감정에 빠질 수 있다는 것이다. 겉으로 완벽하고 행복한 인
생으로 보일수록 속으로는 가짜 기분만 깊어갈 뿐이다. 사실 이
런 사기꾼은 꿈같은 인생을 사는 모습과 평판을 유지하려고 몹
시 노력한다. 자신에게는 불행할 권리가 없다고 느끼기 때문이
다. 이들은 남들 앞에서는 늘 밝게 웃고, 쾌활하게 행동하고, 무
척 긍정적인 태도를 보여주기 때문에 아무도 이들의 부끄러운
비밀, 즉 복 터진 삶에도 불구하고 내면은 불행하기 그지없다는
것을 짐작조차 하지 못한다.

공적 자기公的自己와 사적 자기私的自己 사이의 불일치가 극심하

면 우울증이 닥치고, 우울증은 사기꾼의 가면 감정을 더 악화시킨다. 우울할 이유가 전혀 없는 사람이 어떻게 우울할 수 있을까?

케이스 스터디

42세인 제리드는 꿈꾸던 인생을 현실로 살고 있었다. 그는 십대 때 25세까지 백만 유로를 모으고, 30세까지 수영장이 딸린 거대한 전원주택을 소유하고 포르쉐를 모는 꿈을 품었다. 그리고 꿈꿨던 모든 것을 얻었다. 아내, 자녀, 개, 유모. 그는 45세가 되면 조기 퇴직할 계획이었고, 그날을 즐거이 고대하고 있었다.

그런데 최근 인생이 따분하고 지겨워졌다. 그는 우울증은 아니라고 확신했다. 어쨌든 생활인으로서 기능은 다 하고 있었으니까. 매일 출근하고, 새로운 거래를 하고, 계약을 따내고, 고객을 접대하는 등 일상에는 무리가 없었다. 하지만 기분이 자꾸만 처졌다. 야망의 끝에 이르렀고 거기서 어디로 가야 할지 방향을 잃고 멍해진 기분이었다.

상담이 진행되면서 그는 자신이 느끼는 것이 망연자실함이 아니라는 것을 깨달았다. 그보다는 마땅히 느껴야 할 긍정적인 감정들이 거품 꺼진 듯이 느껴지지 않았다. 그 대신 부정적인 감정들이 올라왔다. 그는 좌절감과 실망감과 무력감을 느꼈다. 무엇보다 이런 기분에 빠진 자신에 대해 분노가 치밀었다. 어떻게 나처럼 모든 것을 가진 남자가 끝내주는 기분이 아닐 수 있지? 자신은 가짜라는 생각만 들었다. 모두가 그를 부러워하지만 정작 그는 자신의 성공도 즐기지 못하는 가짜였다.

세상에 다시없을 만사형통의 복 받은 인생을 사는 사람이 어떻게 우울증에 걸릴 수 있을까? 이 아이러니가 사기꾼 감정을 부추긴다. 자신에게 정신건강 문제를 있다는 것이 곧 자신이 가짜라는 증거이기 때문이다. '진짜 정신질환자들은 따로 있어. 나는 정신적으로 피폐할 이유가 전혀 없고, 따라서 내 마음의 병이 진짜일 리 없어. 나는 가짜야.'

이런 유형의 우울증을 기분부전증Dysthymia 또는 고기능 우울증 high functioning depression이라고 부른다. 명확한 원인 없이 기분 저하 상태가 오래 지속되는 것을 말한다. 학계에서는 인구의 약 3%가 이 병증을 가진 것으로 보기도 한다.[5] 이 병증은 경우에 따라 수년간 지속되면서 무기력증과 자괴감을 부르고, 인생이 덧없다는 절망감으로 이어진다. 많은 환자가 이 기분을 극복하기보다 거기 익숙해지면서, 자신이 현실을 가리는 가면으로 세상을 속이고 있다는 사기꾼 감정이 만성화한다.

'완벽한' 삶을 사는 사람들이 울적한 이유

사실 성공한 사람이 그렇지 않은 사람보다 우울증에 걸리기 쉽다. CEO의 우울증 발병률이 일반인보다 2배 이상 높고, 부유층 아이가 중간소득층 또는 저소득층 아이보다 더 우울감과 불안감을 겪는다.[6] 실제로 우울증은 산업화 수준이 낮고 가난한 나라보다는 부유한 선진국에서 더 흔하다. 이쯤 되면 성공과 부는 우울증을 줄여주기는커녕 오히려 사람들을 우울증에 더 잘 걸리게 만드는 것 같다. 모든 것을 다 가진 듯한 사람 중에 의외로 불행한 내면을 숨기고 사는 심리적 사기꾼이 많다.

이 현상이 일어나는 주된 이유 가운데 하나로 삶의 의미 결여를 꼽을 수 있다. 아무래도 모든 것을 이룬 사람이 아직 정상에 오르지 못했거나 생존에 급급한 사람들보다 삶을 돌아보고 삶의 의미를 곱씹어볼 여유가 있다. 꿈이 있을 때는 그것들이 목표의식과 투지가 되어준다. 하지만 그것들이 모두 이뤄지고 삶이 '완벽해지면' 그때는 어떻게 될까? 누구에게나 목표가 필요하다. 목표가 삶에 의미를 부여한다. 물질적 성공을 이룬 사람은 더는 목표할 게 남아 있지 않은 허탈감에 빠지기 쉽다. 집도 완벽하고, 직업에서도 최고의 자리에 올랐고, 가족과 원할 때마다 멋진 휴가를 보낼 시간적, 금전적 여유가 있고, 아이들은 우등생들이다. 더 바랄 게 남아 있지 않다.

사람이라면 누구나 삶의 의미를 추구한다. 작가 요지타 아가왈Yogita Aggarwal이 이렇게 말했다. "의미는 우리 경험의 핵심인 동시에 우리가 하는 모든 일의 핵심이다. 우리가 우리 존재를 이해하는 것은 오직 의미를 통해서다."[7] 우리 대부분은 인생의 의미를 고민하거나 자기 삶이 의미 있는 삶인지 따져볼 시간이 그리 많지 않다. 자신의 포부를 키우고 야망을 이루느라 바쁘기 때문이다. 이러한 목표들이 우리에게 목적의식을 준다. 그러다 생각했던 '완벽함'에 도달했을 때에야 걸음을 멈추고 모든 것이 다 무엇을 위한 것이었는지 생각하게 된다. 이 시점에서 가치관에 변화가 와서 전에는 그토록 염원했던 것들이 의미를 잃을 수도 있다.

정신과 의사이자 홀로코스트 생존자였던 빅터 프랭클Viktor Frankl, 1905~1997에 따르면 의미는 우리에게 몇 가지 중요한 기능을 한다.[8] 첫째, 우리 인생에 목표의식을 제공한다. 목표의식이 없으면 우리는 인생의 방향도 의욕도 잃는다. 이는 만성 기분 저하, 즉 기분부전증으로 이어진다.

둘째, 의미는 우리가 스스로를 판단하는 가치관 또는 기준을 제공한다. 인생에 의미가 없다면 인생의 성공 여부를 어떻게 판단할 수 있겠는가? 좋은 집과 좋은 커리어가 있어도 의미의 탐색이 달라지면 만족의 척도도 달라질 수 있다.

셋째, 의미는 우리에게 자기가치를 제공한다. 삶이 의미 없다고 느끼면 자신이 거북하고 불편해진다. '모든 것을 가진' 사람 중 다수가 부와 성공 인생의 전부는 아니라는 의구심을 품는다. 그러다 자신이 이뤘다고 생각한 성공은 껍데기일 뿐이고 정작 진짜 성공에는 이르지 못했다고 생각한다.

물론 인생의 의미는 사람마다 다르다. 다만 복 터진 사기꾼의 경우는 인생의 의미를 잃고, 이것이 겉보기에 완벽한 삶과 그 밑에 숨겨진 공허한 본모습 사이의 부조화를 만든다.

독실한 사기꾼

● ○

이 책을 쓰는 동안 우연히 신앙심 깊고 영적인 삶을 추구하는 지인과 대화를 나눌 기회가 있었다. 나는 그 대화에서 많은 영감을 얻었다. 그런데 내 감사와 치하에 상대는 기겁하며 민망해했다. 그러면서 자신이 내가 생각하는 경건하고 독실한 사람이 아닌 이유를 꽤 장황하게 늘어놓았다. 물론 잘못된 생각이었다. 그는 특정 유형의 사기꾼증후군을 앓고 있었다. 나는 이 부류의 사람들에게 독실한 또는 영적인 사기꾼이라는 이름을 붙였다.

독실한 사기꾼은 신앙심이 깊은 사람이며 공동체의 리더나 롤모델인 경우가 많다. 하지만 때로 자신의 믿음이나 도덕성을 의문시하다가(그렇지 않은 사람도 있을까?) 급기야는 자신은 남들이 생각하듯 독실하고 경건한 사람이 아니라는 죄책감에 시달린다. 이들도 다른 유형의 사기꾼들과 마찬가지로 정체가 발각될 것이라는 불안감과 공포에 시달리고, 그에 따른 내적 갈등을 숨기고 살기 때문에 자신을 가짜로 느낀다.

대처 요령과 전략

● ○

다음에 제시하는 요량과 전략과 더불어 앞장들에서 제시한 대처법들도 참고하기 바란다.

공용:

연습 1: 선행 인정하기

작은 일이라도 자신이 베푼 선행을 스스로 인정하자. '선행 일지'를 만드는 것이 좋은 방법이다. 각각의 행동을 되짚어보면서 그게 만약 남이 한 행동이었다면 내가 어떻게 평가했을지 자문해보자. 모르긴 몰라도 훌륭한 행동이라고 후하게 평가했을 것이다. 이 연습은 자신이 사기꾼이 아니며, 오히려 실제로 선행을 행하는 사람이라는 것을 인정하게 해준다.

연습 2: 진짜 친구에 가치 두기

181쪽 도식을 참고해서 내가 아는 사람들을 각각의 원에 분류해서 적어보자. 가운데 원에 있는 사람들이 내가 정말로 의지하고 속을 터놓을 수 있는 친구들이다. 내게 가장 중요한 사람들은 이들이다. 바깥 원들에 바글대는 '아는' 사람들이 아니라.

연습 3: 현명한 소셜미디어 생활하기

앞장에서 소셜미디어의 '완벽한 삶' 게시물들이 어떻게 사기꾼 증후군에 기여하는지 설명했다. 이 문제에 대한 해법은 소셜미

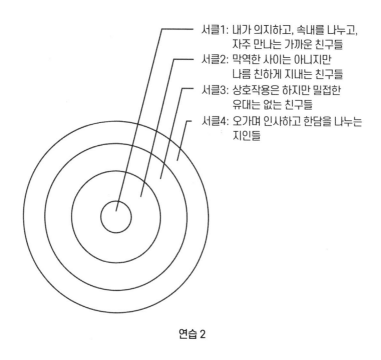

서클1: 내가 의지하고, 속내를 나누고, 자주 만나는 가까운 친구들

서클2: 막역한 사이는 아니지만 나름 친하게 지내는 친구들

서클3: 상호작용은 하지만 밀접한 유대는 없는 친구들

서클4: 오가며 인사하고 한담을 나누는 지인들

연습 2

디어를 분별력 있게 사용하는 것이다. 즉 소셜미디어가 북돋는 완벽주의 문화에 흔들리지 않는 것이다. 다음의 몇 가지 간단한 수칙을 따르자.

- 인생의 하이라이트만 '완벽하게' 편집해서 온라인에 전시하고픈 유혹을 물리친다. 소셜미디어에 뭔가를 포스팅할 때마다 그걸 왜 하는지, 그 포스트로 목적하는 것이 무엇인지 스스로에게 묻자. 내가 포스팅하는 이유는 무엇인가?

솔직해지자. 만약 그 이유가 단지 남들에게 과시하기 위해서라면 포스팅하지 말자.

- 포토샵이나 필터로 사진을 바꾸지 말자. 완벽하지 않은 채로 올리자. 온라인에서도 정직해질 필요가 있다.

- 소셜미디어를 본인의 '완벽한' 삶을 자랑하는 데 이용하는 사람들과는 친구를 끊거나 접촉을 줄이고, 있는 그대로의 삶을 미화 없이 내보이는 친구들에게 더 집중하자.

- 정기적으로 자신의 소셜미디어 관계들을 검토하자. 내 삶에 진정한 의미를 더하는 사람들만 팔로우하자. 끊임없이 완벽한 포스트들로 내게 위화감을 주거나 기를 죽이는 사람들은 피하는 게 좋다.

연습 4: '비교 일지' 쓰기

하루에 몇 번이나 자기나 자기 인생을 남들과 비교하는가? 하루에 한 번? 다섯 번? 열 번? 어쩌면 비교를 한다는 자각도 없이 하고 있을지도 모른다. 그럼 이제부터라도 의식하자. 나는 언제 어떻게 나를 남과 비교하는가? 비교하는 마음이 들 때마다 그 순간을 차례로 적어둔다(183쪽 표 참고). 이 연습은 무의식적으로 일어나던 생각회로를 인지하고, 비교를 하게 하는 요인이 무엇인지(즉 언제 그런 비교가 일어나는지) 파악하게 해준다.

물론 모든 비교가 해로운 건 아니다. 나와 같은 길을 가는 사람들을 대상으로 나의 진전을 비교하거나 롤모델을 정해 거기서 자극을 받는 것은 때로 유익하다. 내가 원하는 길을 맞게 가고 있는지, 얼마나 나아갔는지 가늠하게 해준다. 비교 일지에 내용이 쌓여감에 따라 적절한 비교와 부적절한 비교를 구분할 수 있게 된다. 비교가 강박적으로 일어나거나, 비교대상(유명인이나 연예인이나 부유층)이 부적절하거나, 비교가 내 행복에 부정적인 영향을 미치는 경우는 부적절한 비교다. 삶에 의욕과 추진력을 더하는 대신 자괴감만 안긴다면 그건 건강하지 못한 비교일 가능성이 높다.

비교한 날짜/시간	자신을 누구와 비교했나?	비교를 하게 된 계기가 무엇인가?	인생의 어떤 면을 비교했나? (가령 재력, 외모, 직업적 성공, 자녀의 성공 등)	비교해서 어떤 기분이 들었나?
목요일 오전 11시	앤디, 오랜 친구	앤디가 페이스북에 올린 휴가 사진	그의 성공(호화 여행이 가능한 금전적 능력), 그의 외모(아직도 젊어 보인다), 그의 아름다운 아내.	무능한 기분. 같은 나이인데도 나는 이 친구만큼 성공하지도 잘생기지도 못했다.

한동안 이렇게 비교 일지를 쓰다 보면 비교 유발 요인들이 파악되고, 따라서 그것들을 인생에서 없애거나 대처할 수 있게 된다

(많은 노력이 들겠지만 장기적으로는 삶을 더 건강하게 만든다). 이때 (연습 1의 선행 일지를 포함한) '긍정 리스트들'을 보며 자기 삶의 진가를 인정하는 연습도 병행하면 더 좋다. 우리가 소셜미디어에서 보는 것은 남들이 인생의 하이라이트만 열심히 편집한 것일 뿐임을 다시 한번 기억하자. 남들의 인생이 실제로 어떤지는 아무도 모른다. 그 사람들의 삶도 보이는 것만큼 완벽하지 않을 가능성이 아주 높다. 비교의 실제와 유해성을 더 많이 깨닫고 인정할수록 쓸데없는 비교에 기운과 시간을 낭비하는 일이 줄고 사기꾼 증후군에 대한 방어력이 높아진다.

6장

부모 사기꾼

완벽한 엄마/아빠라는 가면

근래에 부쩍 눈에 띄는 형태의 사기꾼증후군이 있다. 더할 수 없이 훌륭한 엄마나 아빠인데도 자신은 나쁜 부모라는 죄책감에 빠져 있는 사람들이 늘고 있다. 이번 장에서는 이 현상의 배경을 분석한다. (소셜미디어의 영향과 더불어, 경쟁적 육아 문화와 조기 영재 교육의 압박이 주요 요인으로 작용한다.) 나아가 이 현상을 어떻게 해결할 수 있을지 짚어보고, 부모 사기꾼 감정을 다스릴 대응 전략을 내놓으며 마무리하려 한다.

완벽한 부모가 되어야 한다는 부담감

● ○

한편으로 우리는 아이들을 키우기에 더없이 좋은 시대에 산다. 현대 사회는 아이들을 위한 각종 행사와 오락이 차고 넘칠 정도로 아동중심적인 사회다. 그러다보니 다른 한편으로는 부모 노릇에 대한 기대수준이 높아지고 부모로서 완벽해야 한다는 부담이 심해졌다. 미국의 한 조사에 따르면 밀레니얼 세대 젊은 엄마들의 80%가 '완벽한 엄마'를 목표로 삼는다(직전 세대인 X세대 부모의 경우는 70%).[1] 또 다른 여론조사는 가족을 건강하게 먹이는 일부터 자녀의 각종 활동을 조직하고 챙기는 일까지 부모에게 요구되는 역할이 늘어남에 따라 오늘날 부모의 75%가 '완벽해야' 한다는 압박감에 시달린다고 말한다.[2] 대다수 부모가 도달 불가능한 완벽함을 위해 애면글면하고, 결과적으로 사기꾼 감정에 빠지는 처지에 놓인다. 이들은 노력에 대한 결실이 분명해도 자신이 좋은 부모라는 뿌듯함을 느끼지 못한다.

이른바 '부모 완벽주의parenting perfectionism'를 이뤄야 한다는 압박이 본격적으로 시작된 것은 아마도 여성이 경제활동인구에 대대적으로 진입하기 시작한 제2차 세계대전 무렵일 것이다. 이때 육아 규준이 바뀌기 시작했다. 특히 엄마 노릇에 대한 기대수준이 변했다. 그전에는 아이들의 기본 욕구만 잘 해결해줘도 '충분히 좋은' 엄마라는 인식이 있었고, 아이들이 부모의 개입 없이 알아서 크는 면이 많았다. 그러던 것이 엄마가 자녀에게 올인하는 이른바 '집중 보육intensive mothering'이 이상이 됐고, 이것이 오늘날 규준으로 굳어졌다. 2008~2009년에 처음 부모가 된 200쌍의 맞벌이 부부를 대상으로 현재까지 이어지는 추적 연구〈신세대 부모 프로젝트New Parents Project〉를 진행하는 오하이오 주립대학교의 세라 쇼페-설리번Sarah Schoppe-Sullivan 교수는 오늘날의 자녀 양육을 '시간과 정성을 온전히 투자해야 하고 전문가의 조언을 필요로 하는 규준'이라고 설명한다.[3] 짧게 말하면 '집중 양육concerted cultivation'이다. 자녀의 지적 잠재력과 사회성 기량을 발달시키는 데 도움이 될 경험과 활동을 전폭적이고 물심양면으로 지원하는 방식을 뜻한다.

'집중 양육' 방식은 부모에게 엄청난 부담감을 떠안긴다. 부모는 자녀에게 교육적인 경험을 끊임없이 풍족하게 제공해야 하는 역할에 조금이라도 부족하거나 소홀하면 자신이 자녀의 미래를 망치고 있다는 부정적인 생각에 쉽게 사로잡힌다. 미디어와 광고도 거기에 기름을 붓는다. 젊은 부모들에게 이런 메시지를 끝없이 퍼붓는다. '자녀가 당신이 열망하는 아찔하게 높은 기대수준에 도달하길 원하십니까. 그렇다면 가만히 있어서는 안됩니다. 계속 자녀를 고무하고 자극해야 합니다.' 자녀에게 재능 계발을 위한 환경을 제대로 제공하지 못하면 자녀를 망치는 부모가 되고 만다.

왕자비의 불편한 완벽함 ▶

2018년 4월, 영국 윌리엄 왕자의 부인인 케이트 미들턴Kate Middleton이 셋째 아이를 출산한 지 불과 몇 시간 만에 모델처럼 완벽한 모습으로 미디어 카메라 앞에 섰다. 이때 그녀의 처신이 산모에 대한 잘못된 인식을 키우는 행동이라며 우려하는 소리가 높았다. 실제

산모들은 출산 후 그렇게 전광석화처럼 '완벽한' 모습을 되찾지 못하며, 또 그런 부담을 느껴서도 안 된다는 것이었다. 많은 현실 엄마들이 화려하게 차려입고 하이힐을 신은 케이트의 우아하고 빛나는 모습이 대중에게 '비현실적인 메시지'를 보낸다고 비난했다.[4]

그런데 언젠가 이런 왕자비조차도 '완벽한 부모가 되어야 하는 부담을 토로하면서 '우리는 그저 완벽하게 대처하고 매 순간을 즐기고 있는 척할 뿐'이라고 말한 적이 있다. 어디서 많이 듣던 소리다. 사기꾼증후군의 냄새가 난다.

또 다른 예가 있다. 어느 유명 비누 브랜드가 런던 워털루 역에 '완벽한 엄마'라는 제목으로 대형 광고판을 선보였다. 나중에 해당 기업은 완벽해지려는 투쟁이 만들어내는 스트레스를 강조하기 위한 광고였다고 해명했다. 이 기업의 자체 조사에 따르면 엄마 열 명 중 아홉 명이 완벽해야 한다는 압박감을 느낀다. 또한 이 조사는 주요 스트레스 유발 요인으로 소셜미디어와 잡지에서 접하는 화려하기만 한 육아의 세계를 꼽았다.[5]

자녀 계발의 압박감은 아이가 태어나기 전부터 시작된다. 구글에서 '태아 자극법'을 검색하면 30만 개 이상의 검색 결과가 주르르 뜬다. 자녀에게 남보다 유리한 출발 조건을 만들어주려는 신세대 부모들 사이에서 적극적 태교가 유행하고 있다. 최근까지도 태아에 신경 쓰는 방법에 대한 조언은 임부의 영양에 힘쓰고 알코올과 약물과 특정 음식을 피하라는 정도에 그쳤다.

하지만 이제는 예비부모들이 할 일이 많아졌다. 완벽한 부모가 되려면 태아에게 음악도 들려줘야 하고(가급적 베토벤을 직접 연주하면 좋다), 책도 읽어줘야 한다.

케이스 스터디

43세인 재키가 우울증으로 내 상담클리닉에 왔다. 그녀의 우울증에는 자신이 충분히 좋은 부모가 아니라는 생각이 한몫했다. 이 생각이 그녀를 지속적으로 괴롭혔다. 그녀에게는 자녀가 셋 있었고, 특히 첫째는 수재였다. 학생회장을 하면서 환상적인 성적을 유지했고, 결국 의대에 입학했다.

그런데 둘째아들이 애를 먹었다. 학교성적 문제가 아니라 정신건강 문제였다. 문제가 갈수록 심각해져 아들은 학교를 빼먹기 시작했고, '나쁜 무리'와 어울렸고, 한번은 대마초를 피우다 걸리기도 했다. 재키는 밤낮 없이 둘째아들을 걱정했다. 걱정은 거기서 그치지 않았다. 그녀는 자신이 형편없는 엄마라서 아이가 그런 문제아가 됐다고 믿었다.

그녀는 차마 누구에게도 둘째아들 얘기를 꺼내지 못했고, 그래서 둘째아들이 겪는 문제를 아는 사람은 아무도 없었다. 이 사실이 그녀의 자격지심을 더 키웠다. 물론 사람들은 그녀의 첫째아이가 거둔 성공에 대해서는 빠삭하게 알고 있었다(그녀가 첫째아이 얘기는 페이스북에 공유했으니까). "나는 영락없는 사기꾼이에요." 그녀가 말했다. "다들 나를 완벽한 가족을 가진 완벽한 엄마로 생각하지만, 그렇다고 진실이 달라지는 건 하나도 없으니까요."

그러다 아이가 태어나면 완벽한 부모 되기 경주의 속도와 수준이 한층 높아진다. 이제 부모들은 아기의 '뇌를 자극시키는' 장난감을 골라야 한다. 영유아를 겨냥한 제품들이 베이비 아인슈타인Baby Einstein, 베이비 IQ, 브라이트마인드BrightMinds 같은 상표를 달고 즐비하게 부모들을 기다린다. 딱 봐도 두뇌 계발용으로 설계된 것들이다. 이 마케팅 전술이 암시하는 바는 이렇다. '부모가 딱 맞는 장난감을 사주지 못하는 건 곧 아이가 잠재력을 꽃피우지 못한다는 뜻이다. 그것은 곧 부모 노릇의 실패다.'

그렇지만 장난감은 정신없을 정도로 많다. 무엇을 골라야 할지 알 수가 없다. 무엇이 최고의 선택인지 부모가 어떻게 안단 말인가? 만약 실수한다면? 한 평론가가 말했듯 "육아는 정말로 힘든 일이다. 그냥 너무나 중요한 일이라서, 사실상 세상에서 가장 힘든 일인 것이다. 우리는 스스로에게 (그리고 남들에게) 실수는 허용되지 않는다는 엄청난 압박을 가한다."[6]

성장 단계별로 장난감을 사는 것은 시작일 뿐이다. 부모는 특별 유아반과 재능 계발 프로그램을 찾아내야 한다. 당장 내 고향 도시 맨체스터에도 영유아 대상 놀이교실이 백 가지도 넘는다. 이러한 기회들을 쏙쏙 찾아내고 알차게 활용할 시간이나 에너지가 없는 사람은 아이를 저버리는 부모가 된 듯한 죄책감에 빠지기 쉽다.

케이스 스터디

클로이는 29세인 엄마다. 아들인 제이컵은 이제 18개월이다. 클로이는 이렇게 말한다. "아들이 두뇌 계발에 필요한 자극을 충분히 받고 있는지 그게 무엇보다 중요해요. 아이가 이 시기를 그냥 흘려보내게 할 수는 없어요. 두뇌가 빠르게 성장하는 정말 중요한 시기잖아요. 매 순간을 의미 있게 보내고 싶어요. 일정은 빡빡하지만 제이컵에게 다양하고 많은 경험을 주려면 어쩔 수 없어요. 다양한 감각과 뇌의 여러 영역을 고루 자극하고 신체 기능과 사회성을 길러줘야 하잖아요. 주중에는 매일 오전오후 나눠서 계획된 놀이활동을 하고, 주말에는 농장이나 박물관에 가거나 당일치기 여행을 떠나요. 물론 쇼핑도 하고요. 쇼핑할 때도 아이에게 교육적 경험을 만들어주려고 노력해요. 교육용 전자 완구도 종류대로 마련해줬어요. 장난감 노트북, 태블릿, 뮤직메이커 등요. 장난감은 아이가 싫증내지 않도록 주기적으로 교체해요. 가지고 놀던 것들은 치워놓고 다른 것들을 꺼내놓는 식이죠. 늘 새로운 것들로 계속 흥미를 유발시켜줘야 해요."

문제는 이렇게 혹독하게 일정을 짜서 힘을 쏟으면서도 클로이는 자기 노력이 충분치 않다고 생각한다는 것이다. 혹시 잘못된 놀이를 선택하지는 않았나, 그녀의 걱정은 끝이 없다. 선택의 여지가 너무 많아 결정이 어렵다. 아이에게 '맞는' 장난감을 '맞게' 찾아준 건지도 걱정스럽다. 심지어 육아를 위해 전업 엄마가 된 것이 과연 아이를 위한 최선의 선택이었을까 고민한다. 그녀는 아동 계발에서 흥미 유발 보육 프로그램이 얼마나 중요한지에 대한 기사를 낱낱이 찾아 읽는다. 그녀는 걱정에 치여 기진맥진이다. 그런데도 단 한 번도 자신이 잘하고 있거나 충분히 하고 있다는 기분이 들지 않는다.

이 압박감을 더욱더 부채질하는 것이 이른바 '엄마경쟁mompetition'이다. 자기 자녀를 최대한 돋보이게 하려는 엄마들(아빠들도 포함)의 치열한 경쟁을 말한다. 이 주제를 다룬 한 연구에 따르면 엄마들의 64%가 오늘날 육아가 어느 때보다 경쟁적인 일이 됐다고 생각한다.[7] 이 경쟁의식은 부모들의 불안 심리에서 생겨나고, 이 불안감을 잠재우려고 그들은 육아와 관련해 자신이 내린 선택과 결정에 대해 사회적 인증을 필요로 한다.

소셜미디어의 작용

사회적 인증을 얻기 위한 무한경쟁에 기름을 붓는 것이 소셜미디어다. 특히 삶의 면면을 SNS에 기록하는 데 능한 밀레니얼 세대 부모들이 영향을 많이 받는다. 직전 세대(X세대)의 76%, 전전 세대(베이비부머 세대)의 59%에 비해 밀레니얼 세대는 거의 90%가 소셜미디어를 쓴다(195쪽 표 참고).[8] 이들의 극성스러운 소셜미디어 활동의 결과로 '웹에는 동화 뺨치게 완벽하고 성공적인 가족의 모습들'이 넘쳐난다.[9]

부모가 자식 자랑을 하는 것은 인지상정이고 새로운 일도 아니다. 하지만 소셜미디어는 이전 세대들이 감내해왔던 것과는 차원이 다른 규모의 자식 자랑을 가능하게 한다. 과거에는 자기 자식이 해낸 일을 떠벌리고 싶으면 일단 남의 관심을 끈 다음 지갑에서 잽싸게 사진부터 꺼내 들어야 했다. 그리고 대화가 끝

세대명	
베이비부머	Z세대의 조부모. 제2차 세계대전 직후(1945~1964년) 출생자
X세대	오늘날의 청소년 또는 십대의 부모. 1965~1981년 출생자
밀레니얼 세대	오늘날의 청년층, 1981~1996년 출생자
Z세대	오늘날의 십대. 1997~2009년 출생자
알파 세대	밀레니얼 세대의 자녀. 2010년 이후 출생자

나면 자랑도 함께 기억의 심연으로 까맣게 잊혔다.

하지만 지금은 자랑이 훨씬 쉽고 훨씬 영속적이다. 손때 묻은 사진을 항상 지니고 다닐 필요도 없다. 스마트폰에 사진 수천 장을 넣어 가지고 다니며 수백 수천의 '친구'와 팔로어를 맘껏 귀찮게 할 수 있다. 한 연구에 따르면 밀레니얼 세대 부모의 46%가 아직 배 속에 있거나 태어난 지 하루도 되지 않은 자녀의 사진을 인터넷에 올린다. X세대 부모의 경우는 10%에 불과하다.[10] 어설픈 아날로그 스냅사진에 의지할 필요도 없다. 한 평론가가 말했듯 "오늘날의 부모 노릇은 주로 남에게 내보일 승리와 성공을 토대로 이루어지고, 부모로서의 역량도 그런 유형의 결과들로 측정된다."[11]

그런데 현실세계에는 필터링도 포토샵도 없다. 따라서 온라인에 미화되고 살균된 가족 이미지들을 게시하는 사람이나 보는 사람 모두 사기꾼증후군의 희생자가 될 수 있다. 게시자는 온라인에서의 자신의 완벽함과 오프라인에서의 현실 사이의 부조화 때문에, 보는 사람은 자신을 제외한 모두의 온라인에서의 완벽함과 자신의 오프라인 현실 사이의 부조화 때문에. 조사를 해보니, 자신의 양육 방식을 남들이 어떻게 생각할지 신경 쓰는 부모일수록 자신의 양육 능력에 대한 자신감이 낮고, 페이스북을 활발히 이용하는 사람일수록 양육 스트레스 수준이 높은 것으로 나타났다.[12]

불안한 부모들

● ○

그런데 오늘날의 부모들이 소셜미디어가 주최하는 비교 경쟁의 덫에 휩쓸리는 이유는 무엇일까? 나는 이들이 소셜미디어 포스팅에 매진하는 이유는 다름 아닌 본인의 불안감 때문이라고 생각한다. 이들은 자신이 부모로서 능력이 있는지 의심하고, 따라서 자신이 잘하고 있다는 확신을 필요로 한다. 이때 댓글과 '좋아요'가 판단의 척도가 된다. 사회적 인증에 대한 갈망이 디지털 시대에 들어서서 계속 커졌다. 다만 그것이 전에는 없던 도구들이 생겼기 때문인지, 아니면 오늘날의 부모들이 실제로 더 불안하기 때문인지는 알 수 없다.

오늘날의 육아 상황이 전과 많이 다른 건 분명하다. 일단 요즘 사람들은 전세대들보다 늦게 가정을 이룬다. 예를 들어 현재 영국의 첫 출산 평균 연령은 29.8세로 역사상 가장 높다. 1970년의 21세에 비하면 엄청나게 높아진 것이다.[13] 이는 부모 역할에 대한 여자들의 기준점이 높아졌다는 의미가 될 수 있다. 특히 삶의 다른 영역, 가령 일에서 성공한 여자들이라면 더 그럴 테다. 이들은 자신이 커리어에 쏟았던 노력을 부모 노릇에도 기울이면 같은 수준의 보상을 거둘 것이라고 기대한다. 하지만 그런 기대는 지독한 실망감으로 바뀌기 쉽다. 육아라는 현실에서 '성공'은 이뤄내기가 더 어렵고 더 고달프다.

거기다 오늘날의 육아 방식은 아이에게 단순한 생존 능력보다 심리적 회복탄력성을 길러주는 데 초점이 맞춰져 있다. 과거의 부모는 자녀의 자존감이나 자신감을 키우는 일에 딱히 신경쓰지 않았고, 오늘날의 부모처럼 자식에 대한 무조건적인 사랑을 끊임없이 증명할 필요도 느끼지 않았다.[14] 자녀의 자존감 함양 같은 실체감이 적은 개념들은 측정하기가 굉장히 어렵다. 자신이 부모의 할 바를 제대로 하고 있는지 어떻게 알 수 있겠는가? 과거의 부모는 자녀가 탈 없이 쑥쑥 자라기만 하면 성공적인 부모라며 자부할 수 있었지만 오늘날의 부모가 지켜야 하는 골문은 훨씬 넓어졌다.

또한 지금의 부모들은 육아에서 훈육보다는 애정 표현에 중

케이스 스터디

제시카는 기업의 인사부장이다. 그녀는 지금의 자리에 오르려고 노력을 아끼지 않았다. 임신도 신중히 계획했다. 재정적 안정을 확보하고 커리어가 탄탄해질 때까지 기다렸고, 몇 달 자리를 비워도 일이 크게 영향을 받지 않는 최적의 시기(여름)에 맞췄다. 그렇게 그녀는 30세에 첫 아이를 가졌다. 그녀는 아주 사소한 부분에 이르기까지 세심하게 출산 계획을 짰고, 손에 넣을 수 있는 모든 육아 서적과 육아 잡지를 읽었다. 그녀는 그간 직장생활에 적용해온 만큼의 치밀함을 육아 계획에도 적용했고, 따라서 때가 오면 잘 해낼 수 있을 것이라는 자신감이 있었다.

그런데 원치 않게 계획이 틀어지면서 문제들이 시작됐다. 우선 제시카는 원래 수중분만을 원했지만 응급으로 제왕절개 수술을 받아야 했다. 다음에는 한 번에 두 시간 이상을 자는 법 없이 계속 보채기만 하는 아기와 유대를 형성하는 데 애를 먹었다. 육아는 그녀의 진을 뺐다. 더 안타깝게도 그녀는 모든 것을 자기 탓으로 여겼다. 자신에게 좋은 엄마의 자질이 없다고 생각했다. 엄마 노릇에 이렇게 헤매느니 차라리 육아에서 손을 떼고 자신감과 통제력을 발휘할 수 있는 직장으로 돌아가는 편이 아기에게도 좋을 것이라 생각했다. 그녀와 남편은 보모를 고용했고, 그녀는 출산 후 16주 만에 직장으로 복귀했다. 하지만 아기를 버려두고 왔다는 죄책감이 계속 심해졌고, 이제는 무엇을 하든 제대로 해내지 못할 것 같은 불안만 앞섰다.

점을 둔다. 부모들은 자녀에게 명령과 통제 기법을 쓰는 '매니저'가 아니라 경험을 공유하고 안내하는 '친구'가 되길 원하고, 자녀에게 규칙과 가이드라인을 부과하기를 꺼린다.[15] 하지만 이 방식은 무엇이 자녀를 위한 최선인가에 대한 의구심을 키우기 쉽다. X세대 부모가 아이에게 채소를 먹지 않으면 아이스크림도 없다는 식의 작전을 썼다면, 밀레니얼 세대 부모는 그보다 회유나 설득에 가까운 방법으로 자녀를 구슬린다('브로콜리 한입 먹어보지 않을래? 몸에 정말 좋아!'). 설득이 평등주의에 더 가깝지만 그 대신 자녀에게 거부권을 허용한다. 옛날식 뇌물 작전이 디저트를 바라는 아이에게 훨씬 잘 먹힌다. 따라서 밀레니얼 세대 부모는 어째서 모두가 좋다고 권하는 육아 기법들이 제대로 먹히지 않는지 혼란과 불안을 느낀다. 내가 부모로서 잘못하고 있거나 서툰 건 아닐까?

또한 이전 세대들의 육아는 확대 가족의 공동 육아가 특징이었다. 하지만 밀레니얼 세대 부모 중 대가족은 거의 없다. 그래서 이들에겐 지근거리에서 실용적인 조언과 실질적인 인증을 얻을 기회가 적다. 두 세대 전만 해도 육아 지침은 직전 세대가 한 것을 따라하는 것에 한정됐고, 육아에 대해 누구에게 물어보든 돌아오는 답은 모두 엇비슷했다. 하지만 지금은 상황이 뒤집혔다. 인터넷을 통해 세계 곳곳의 육아 방식과 철학을 죄다 찾아볼 수 있는 반면, 현장맞춤형 실용적 정보를 줄 윗세대는 오히려 지리적으로 멀리 있을 때가 많다.

인터넷이 부모에게 엄청난 정보원인 건 맞지만, 불안감을 줄여주기보다 더 만들어내는 것도 사실이다. 너무나 많은 정보와 조언이 무분별하게 넘쳐나 부모들의 혼란이 어느 때보다 심하다. 과거에는 끽해야 한두 사람이 한두 가지 의견으로 갈렸을 뿐이라면 지금은 모든 것에 대해 헤아릴 수 없이 많은 견해가 여기저기 동시에 깔려 있다. 조언이 많다고 항상 좋은 건 아니다. 너무 다양한 조언은 혼동과 불안을 불러온다. 각종 정보에 시달리는 엄마는 이렇게 한탄한다. "나는 실수하지 않으려고 나 자신을 끊임없이 괴롭히고, 감시하고, 비난한다."[16]

문제는 지금의 부모는 '게임의 규칙'이 뭔지 모른다는 것이다. 아니, 규칙이 있는지조차 모른다. 예전에는 '애들은 얌전해야 한다' 같은 분명한 규칙이 있었다. 그때는 모두가 아이들을 데리고 무엇을 할지, 아이들을 어떻게 다룰지 알았다. 반면 지금은 정답이 없다. 무엇이든 맞다. 오히려 그래서 부모들이 갈피를 못 잡고 우왕좌왕한다. 한 연구에 따르면 미국 부모는 육아와 관련해 자신이 내린 결정이 기준 미달이라는 죄책감을 일주일에 평균 23번 느끼며, 그들 중 4분의 1이 자신이 내린 결정들을 자주 후회한다.[17] 그리고 다른 유형의 사기꾼들과 마찬가지로, 부모 사기꾼들도 남들에게 어떻게 할지 묻거나 조언을 구해야 하는 상황이 생기면 자신을 함량 미달로 여긴다.

아일랜드 육아사이트 www.familyfriendlyhq.ie의 창립자인 올리비아 윌리스Olivia Willis가 최근 〈아이리시 인디펜던트Irish Independent〉지 기사에서 분명한 규칙과 가이드라인이 없으면 자기회의가 그 자리를 차지하고 부모들을 괴롭힌다고 말했다. 윌리스에 따르면 자기회의는 자신이 '훌륭한 부모의 가면을 쓰고' 무능함을 숨긴다는 '수치심을 낳고', 이는 '육아를 잘 해내도 그건 우연에 지나지 않는다는 믿음으로 이어진다.'[18]

부모에게 불안감과 나아가 사기꾼증후군을 불러오는 또 다른 상황은 육아는 결과가 눈앞에 바로 보이는 일이 아니라는 것이다. 좋은 부모 노릇의 진정한 목적은 무엇인가? 아이가 옷을 예쁘게 입고, 집에서 만든 영양 간식을 먹고, 암송대회에서 1등을 하는 것이 전부는 아니지 않나? 일상의 잡다함과 부산함 속에, 그리고 '엄마경쟁'과 완벽함에 대한 압박에 휩쓸리다 보면 부모 노릇의 진짜 목적을 잊어버리기 쉽다. 부모의 진짜 목적은 아이를 정서적으로 안정되고, 자기 앞가림 잘하고, 성공적인(성공의 의미가 무엇이든지간에) 어른으로 길러내는 것 아닐까?

문제는 이것이 아주 장기적인 목표라는 데 있다. 인간은 자신이 일을 제대로 했는지 알기 위해 18년 이상 기다리는 데 소질이 없다. 어떤 경험 많은 위탁모가 이렇게 말했다. "정말로 중요한 것은 장기적인 결과고, 몇십 년 동안은 어떤 결과가 나올지 알 수 없다."[19] 하지만 부모는 자신이 훌륭하고 행복한 어른을 양성하는 옳은 방향으로 가고 있는지에 대한 확신이 필요하고, 작은 것들에서 그 증거들을 찾는다. 그런데 배보다 배꼽이 커져서 이 작은 것들이 지상과제가 됐다. 아이의 머리를 완벽하게 땋는 능력이나 화장지로 제트 로켓을 만드는 능력이 갑자기 부모 역량을 대변하고, 아이들의 숙제는 부모들이 솜씨와 아이디어를 다투는 대리전이다. 더 나쁜 건 이 불안감을 자녀에게 투사해서, 자녀의 성공이 곧 부모의 성공이 되는 현상이다. 자녀의 성취도가 높지 않으면 아무리 잘나가는 사람도 패배자다. 그간 어떤 노력을 했든 다 부질없어진다. 이런 부모는 자신을 가짜로 여긴다. 심지어 경험 많은 위탁모 에밀리 매콤Emily McCombs마저도 "어떤 날은 내가 사기꾼이 된 느낌이다"라고 고백한다.[20]

사기꾼증후군의 늪에 빠진 부모는 성과를 내도 매번 대수롭지 않은 일로, 자신의 능력이 아닌 운발로 치부한다. 올리비아 윌리스가 말하듯 "그런 부모는 아무리 많이 준비하고 계획하고 일을 잘 끝냈어도 항상 자신을 미흡하고 미진하게 여기거나 단지 운이 좋았을 뿐이라고 생각한다."[21] 아이가 생후 8개월 만에 배변 훈련을 마쳐도, 자녀의 의젓하고 예의바른 태도를 남들이 칭찬해도 그들은 자신이 좋은 부모라는 믿음을 갖지 못한다. 한 비평가가 말한 것처럼 오늘날의 부모는 "아이를 위해서라면 어떤 고생도 못 할 게 없고 자신을 정신이상 직전까지 몰아붙인다. 그런데도 충분하다고 생각하지 않는다."[22]

영재 교육, '호랑이엄마', 그리고 사기꾼 신드롬

자녀가 취학 연령에 이르면 부모가 자녀에게 지속적으로 흥미를 유발하고 교육 동기를 심어줘야 한다는 압박감이 한층 심해진다. 부모의 일 중에 자녀를 좋은 학교와 학원에 넣는 일은 빙산의 일각일 뿐이다. 고도의 경쟁사회에서 아이가 비교우위와 기선제압의 유리함을 누리게 하려면 아이가 깨어 있는 매시간을 유익한 과외활동으로 채워주어야 한다. 2014년 설문조사 결과, 영국 런던의 초등학생은 일주일에 평균 3.2개의 과외활동을 하는 것으로 나타났다.[23] 현재에는 과외활동이 더 많아졌을 것이다. 특히 11세 미만의 어린이 중 상당수(거의 절반)가 매일 저녁 방과 후 수업에 다니고 있을 것으로 보인다.

이런 교육열은 적잖은 논란이 따르는 이른바 '핫하우징 hothousing(조기 영재 교육)'이라는 육아 방식을 낳았다. 핫하우징은 조기 재능 계발을 위해 아이에게 강도 높게 방과 후 프로그램과 과외활동을 시키는 것을 말한다. 최적의 생장 조건을 갖춘 온실 hothouse에서 작물을 속성으로 재배하는 농법에 빗대 이런 명칭이 붙었다. 핫하우징은 '호랑이엄마Tiger Mom'라는 개념과 묶여 있다. 이 개념은 2011년에 출간돼 유명세를 탄 중국계 미국인 법학자 에이미 추아Amy Chua의 책《호랑이엄마의 투쟁가Battle Hymn of the Tiger Mother》에서 나왔다. 추아는 이 책에서 자신의 자녀 교육 방식을 소개하며 매우 엄격한 '핫하우징' 원칙들을 옹호한다. 예를 들어, 그녀의 두 딸은 전 과목에서 우수한 성적을 거둘 만큼 공부에 힘쓰는 동시에 하루에 몇 시간씩 악기 연습을 해야 했다. 그녀는 딸들을 음악가로 키우는 것이 목표가 아닌데도 음악 교육에 엄청난 돈과 시간을 투자했다. 이 책은 핫하우징으로 대변되는 중국식 자녀 교육과 상대적으로 자유로운 미국식 자녀 교육 중에 무엇이 옳으냐에 대한 거센 논쟁을 불러일으켰고, 부모가 자녀에게 특별 활동과 과외 학습을 어느 정도나 시켜야 하는지에 대한 고민을 확산시켰다.

핫하우징과 억척스러운 호랑이엄마 방식의 문제는 그것이 부모에게 엄청난 압박과 불가능한 이상을 떠맡긴다는 것이다. 여기에 기름을 붓는 것이 있다. 수학과 언어 등의 분야에서 유아기부터 시험을 보고 성적을 내는 풍조다. 이 같은 유아 교육의 '학교화schoolification'는 부모가 자녀들을(그리고 암묵적으로 부모 자신들을) 끝없이 평가하고 비교하는 환경을 만든다.

자기충족예언

● ○

사기꾼 부모는 자기 능력에 대한 자신감이 없기 때문에 포기하게 될 가능성이 높고, 그 결과 자신감 있는 사람들보다 실제로 서툰 부모가 된다. 이것이 부모 사기꾼의 역설이다.[24] 자신이 실패할 걸로 믿는 부모는 아이에게 배변 훈련을 시키거나 아이에게 자전거 타기를 가르치다가 더 빨리 포기한다. 또는 부모 역할의 일부를 유모나 보육교사처럼 자신보다 '전문가'라고 생각하는 사람들에게 위탁할 가능성이 높다. 그래서인지 2016년 영국에서 시행한 조사에서 배변 훈련을 완전히 마치지 않은 채 보육시설 종일반에 들어가는 아이들의 수가 몰라보게 늘어난 것으로 나타났다.[25] 미국에서도 아이에게 자전거 타기 가르치기, 배변 훈련, 예절 교육 같은 부모의 역할을 외부에 위탁하거나, 아이의 자존감을 키우려고 전문 상담사에게 데려가는 것이 과거어느 때보다 유행하고 있다. 부모들이 바빠진 탓도 있겠지만, 부모의 불안감이 늘고 전문가 도움 없이도 해낼 수 있다는 자신감이 떨어졌기 때문일 수도 있다.

대처 요령과 전략

● ○

다음에 제시하는 방법과 더불어 앞장들에서 제시한 대처법들도 함께 참고하기 바란다.

1. 세상에 완벽한 부모는 없다는 것을 알자. 가끔은 나도 실수 하고 잘못도 한다는 사실을 인정하고 받아들이자는 뜻이다.

이를 위한 연습이 있다. 자신이 아이 교육에서 실수했다고 생각하는 것들을 떠올려보자. 만약 친구가 내게 같은 실수를 '고백'한다면 그 친구에게 어떤 말을 해주겠는가?

내가 한 실수	친구에게 해줄 말
방과 후 시간을 그렇게 아이들 자율에 맡겨두는 게 아니었어. 애들이 너무 풀어져서 놀 생각만 해.	모든 부모가 다 그래. 녹초가 돼서 퇴근해서 저녁 준비까지 해야 하는데 아이들 보채는 걸 배겨내기란 정말 힘들어. 하지만 원한다면 이제부터라도 바꿔가면 되지. 지금도 늦지 않았어.

2. 자신의 육아 능력을 사소한 일들로 평가하지 말자. 부모로서의 역량은 단지 과자를 잘 굽거나, 자녀의 준비물을 잊지 않고 챙기거나, 무대의상을 멋지게 만들어주는 능력에 달려 있지 않다.

3. 자녀의 성공 또는 실패가 부모의 육아 기량을 반영하는 것은 아니라는 점도 아울러 기억하자. 내게 개별성이 있듯 자녀도 부모의 일부가 아니라 서로 별개인 개인들이다.

4. 소셜미디어에 '완벽한 부모'의 모습을 자랑하는 사람들은 친구 끊기나 언팔로우하고, 나도 자식 자랑 포스팅을 하고

싶은 충동을 누르자. 완벽함을 과시하는 게시물들로 팔로어들의 기를 죽이는 성향이 있는 부모들의 리스트를 만들고, 그들이 얼마나 자주 글을 올리고 어떤 내용을 포스팅하는지 기록해보자. 몇 주 후 그들이 내 삶에 어떠한 긍정적인 영향도 주지 않는다고 판단되면 친구 끊기를 하거나 설정을 바꿔 그 사람들의 게시물이 내게 보이지 않게 한다.

5. 페이스북에 사진을 올릴 때 포토샵과 필터링을 거치지 않은 '불완전한' 상태로 올리자. 완벽한 이미지를 연출하고 싶은 마음이 굴뚝같아도 참자.

6. 육아에 대한 충고는 많다고 좋은 게 아니다. 조언자들을 줄이자. 가까운 친구들과 가족, 그리고 필요하다면 의학전문가로 충분하다.

7. 자녀와 친구가 되려고 하지 말자. 내 역할은 그들의 부모와 멘토가 되는 것이지 친구가 되는 게 아니다. 아이들에게 인기 없는 원칙을 세워야 할 때도 있을 것이다. 하지만 나와 가족을 위해 옳은 결정이라면 밀고 나가자.

8. 자녀에 대해 결정을 내릴 때 자신의 직관과 본능을 믿자.

7장

십대/학생 사기꾼

성적 압박과 사회성 압박

사기꾼증후군 증세를 보이는 젊은이들이 점점 많아지고 있다. 내 상담클리닉뿐 아니라 내가 강의하는 대학교에서도 감지된다. 학생 집단에게 사기꾼증후군의 불을 지피는 요인에 학업이 주는 불안감 하나만 있는 것은 아니다. 외모부터 조직문화와 인기에 이르기까지 모든 것에 대한 불안감이 영향을 미친다. 이번 장에서는 날로 늘어나는 청소년 사기꾼을 조금 더 면밀히 들여다보고, 청소년뿐 아니라 위기에 빠진 자녀를 걱정하는 부모들을 위한 대처 전략들을 내놓으려 한다.

성적 압박감

학교 성적에 대한 압박감이 없었던 때가 있었던가? 이것을 현재 학생들만의 문제라고 주장할 수는 없다. 하지만 오늘날의 청소년들이 다른 어느 때보다 강한 압박감에 시달리는 것은 사실이다. 지금의 학교는 시험 문화가 지배한다. 한 예로 영국의 모든 초등학생은 7세와 11세 때 국가에서 시행하는 전국학력평가시험인 SATS를 치러야 한다. 국가시험 외에도 학교들 대부분이

1년에 한 번 이상 교내 시험을 시행한다. 여기에 시시때때 있는 각종 대외고사들을 더하면 학생들은 초등학교 때부터 시험으로 점철된 인생을 산다고 할 수 있다. 어렸을 때부터 살벌한 평가의 장에 내몰리는 것이다. 이런 환경은 스트레스와 실패에 대한 두려움을 키우고 무엇보다 실제로 실패를 맛볼 기회들을 잔뜩 제공한다.

케이스 스터디

에이미는 '시험 불안증'으로 내 상담클리닉을 찾았다. 외모, 좋은 머리, 인기까지 모든 걸 다 가진 17세의 학생이었다. 이미 16세에 대학 입시인 A레벨Advanced Level에서 높은 성적을 거뒀고, 인기가 많아서 사교모임을 다 소화하려면 몸이 두 개여도 모자랄 지경이었고, 언제 어디서나 빛나는 외모를 자랑했다. 그런데도 그녀에게 자기회의가 찾아왔고, 그녀는 얼마 안 가 확연하고 전형적인 사기꾼증후군 증세를 보이기 시작했다. 에이미는 자신이 받은 성적을 운이 개입한 결과로 치부했다. "시험이 그렇게 어렵지 않았어요." 그녀는 주위의 기대에 심한 부담을 느꼈다. 모두가 이른 나이에 입시를 통과한 그녀를 수재로 생각했다. 하지만 그녀는 대학에 가면 자신의 '정체'가 여지없이 드러날 것이라며 걱정했다. 대학의 시험들은 비교가 안 되게 어렵기 때문에 자신의 진실(별로 똑똑하지 않은 것)이 들통 날 날이 멀지 않았다는 것이다.

영국 〈더 가디언The Guardian〉지의 2017년도 보도에 따르면 영국 초등학교의 82%에서 SATS를 치를 즈음이 되면 학생들 사이에 정신건강 문제가 증가하는 것으로 나타났다. 또한 지난 2년 동안 전국 초등학교의 4분의 3 이상(78%)에서 학생들의 스트레스 증세, 불안증, 공황 발작이 증가했다.[1] 아이들은 시험기간에는 아플 수도 없다. 실제로 일부 학교는 아이가 아파도 SATS 시험 시간에는 학교에 보내야 한다는 공문을 부모에게 보내기도 했다. 아이들이 받는 성적 지상주의 현실의 압박을 적나라하게 보여주는 일이다.[2] 내 딸아이가 11살이었을 때의 경험을 말하자면, 딸아이는 이른바 '우등생'에 속했는데 하필 SATS 시험 기간에 몸이 좋지 않았다. 우리가 병원에 있을 때 학교에서 전화가 왔다. 학교의 걱정은 오로지 아이가 시험을 보러 올 수 있을지 여부였다.

물론 이런 압박감 자체가 딱히 사기꾼증후군을 불러오는 것은 아니다. 사기꾼증후군은 실패한 사람이 아니라 성공한 사람들의 불안감을 뜻한다는 것을 기억하자. 사기꾼증후군 위험군은 성적이 우수한 아이들과 청소년들이다. 성적이 뛰어나지 않은 학생들은 자기 능력에 대해 조금 더 현실적인 견해를 가지고 있을 가능성이 높다. 더욱이 사기꾼증후군을 악화시키는 것은 현재의 성공, 즉 현재의 성적을 유지해야 한다는 부담이다.

아이들을 일찍부터 시험으로 평가하는 체제의 또 다른 문제점은, 그 체제가 아이가 자라면서 달라질 수 있는 상황을 전혀 배려하지 않는다는 것이다. 즉 나중에는 실현이 어려울 수도 있는 기대수준을 미리 설정한다. 아이들은 성장 속도가 각기 다르고, 어렸을 때는 시험에서 수재 소리를 듣던 아이가 나중에는 해당 기대수준을 충족하지 못할 가능성이 얼마든지 있다. 그 경우 여전히 공부를 잘하는 편이어도 애초의 '목표' 성적에 도달하지 못하는 아이는 남은 학창시절을 패배감에 젖어서 보낼 수 있다.

케이스 스터디

14세인 자라가 우울증으로 내 클리닉에 왔다. 그녀는 자신이 전에는 여러모로 발군이었지만 최근에는 모든 게 버거워졌다고 했다. 자라는 처음에는 학교에서 잘나가는 우등생이었다. 성공이 일상이었다. 작문이든 수학이든 항상 1등을 도맡아 했고, 스포츠에 능했고, 각종 상을 휩쓸었다. 모두가 그녀를 장차 크게 될 인재 중의 인재로 여겼다. 하지만 정작 그녀는 자신을 사기꾼으로 생각했다. 고등학교에 진학하면서부터 상황이 매우 달라졌기 때문이다. 여전히 공부를 잘했지만 더는 어릴 때 같은 수재가 아니었다. 고등학교는 훨씬 큰물이었다. 학생 수도 네 배나 많았고, 따라서 그녀가 경쟁해야 할 똑똑한 아이들도 훨씬 많았다.

자라는 자신을 엄청난 수재로 생각하는 친구들과 가족의 기대에 엄청난 부담을 느꼈다. 그러다 결국 사기꾼 감정에 빠졌다. 지난날의 뛰어난 학교 성적은 부당하게 얻은 결과였다. 그때는 한 학년에 아이들이 얼마 없었고, 그중에서도 자신이 생일이 빠른 편이라 다른 애들보다 유리했기 때문이지 결코 자신이 잘나서 얻은 결과가 아니었다. 나는 좀 더 캐물었다. 알고 보니 자라는 지금도 우등생이었다. 다만 초등학교와 중학교 때 그랬던 것처럼 '최고 중의 최고'가 아닐 뿐이었다.

우등생들에게 압박감을 더하는 것이 시험만은 아니다. 좋은 학교에 들어가야 한다는 압박도 엄청나서 어느 교장은 이 경쟁 상황을 '압력솥 분위기'로 불렀다.[3] 자녀를 명문 학교에 보내려는 부모들의 극성이 고작 8살인 아이에게 과외교사를 붙이는 것쯤은 이제 흔한 일이 됐다. 이 사교육 문화야말로 사기꾼증후군의 최대 잠재 요인이다. 아이가 있는 대로 과외를 받고 가까스로 명문 학교에 들어갔다고 치자. 그다음에는? 일단 학교만 들어가면 만사형통일까? 그렇지 않다. 학생은 자신이 거기 있는 건 단지 집중 코칭의 수혜자였기 때문이란 걸 깨닫게 된다. 뒤처지지 않으려고 대학에 가서도 계속 개인교습을 받는 일이 비일비재하다. 그러다보면 자신은 다른 학생들보다 학업 능력이 떨어진다고 생각하거나 자신의 학업 성과를 순전히 외부 요인(개인교습)의 덕분으로 믿기 쉽다. 이들은 평생 자신의 학벌을 입증하려 애쓰며 살 가능성이 크다. 사기꾼증후군 발병의 최적 조건이다.

교육 현장의 과잉경쟁은 이렇게 청소년의 사기꾼증후군을 부른다. 사기꾼증후군의 특징은 자신의 성공을 인정하지 못하고, 완벽주의라는 불가능을 추구하고, '정체 발각'을 두려워하는 것이다. 영국의 어느 교장이 말했다. "일부 십대는 충분한 결과를

완벽 소녀의 죽음

매년 재학생의 3분의 1이 옥스퍼드 대학교나 케임브리지 대학교로 진학하는 영국의 명문 옥스퍼드 여자고등학교Oxford High School for Girls가 2014년에 중대 발표를 했다. 학생들이 받는 극심한 압박감이 학생들의 건강을 해친다는 이유로 학내 완벽주의 종식 운동을 시작한다는 내용이었다. 이를 위해 학교는 '완벽 소녀의 죽음The Death of Little Miss Perfect'이라는 조치를 취했다. 학생들을 일부러 실패하게 만들어서 본인의 불완전함을 깨닫게 하는 조치였다. 학생들은 난이도가 점점 높아져서 어느 시점부터는 더는 점수를 낼 수 없는 테스트를 받는다. 이를 통해 학생들은 일이 잘 풀리지 않을 때(예컨대 시험에서 최고점을 받지 못했을 때)에 대처하는 데 꼭 필요한 교훈을 얻고 '실패'와 실수의 가치를 배운다. 이 경험은 나중에 어른이 되어서도 상당히 유용하다.[5] 옥스퍼드 여고는 이 운동이 학생들을 얽어맨 완벽주의 문화에 대한 해독제라고 말한다. 나아가 사기꾼증후군의 특효약이 될 것으로 기대한다.

얻어도 결코 그것을 인정하지 않고 끝없이 자신을 닦달한다."[4]

단지 시험이 늘어서 사기꾼증후군이 늘었다고 말할 수는 없다. 어쩌면 시험 횟수보다 시험에 대한 사람들의 생각과 태도의 변화가 더 문제다. 어쨌거나 시험은 옛날부터 있었다. 다만 전에는 시험이 지금처럼 과열 양상을 띠지 않았다. 지금의 부모들은 (앞장에서 살폈듯) 과거 어느 때보다 극성이고 경쟁적이며, 이것이 자녀에게 엄청난 부담을 준다. 많은 부모가 자녀가 느끼는 피학적 압박감에 대해 한탄한다. 마치 자신들은 거기에 아무런 책임이 없다는 듯이. 하지만 내적 압박감에는 외적 기폭제가 작용하기 마련이다. 오늘날 어린 세대가 겪는 사기꾼 감정의 책임은 어쩌면 부모들 사이에 갈수록 치열해지는 '자녀를 앞세운 자존심 대리전'[6]에 있을지 모른다. 이 현상은 부모가 자신의 자아실현과 가치증명을 자녀의 성공에 두고, 이 대리 경쟁에서 이기려고 어린 자녀에게 (직간접적으로) 성공을 종용하는 경향을 말한다. 지금의 부모는 과거보다 자녀의 인생에 훨씬 더 많이 개입하지만, 그 노력이 자녀의 여가와 놀이보다는 지적 추구에 크게 쏠려 있다. 이른바 '헬리콥터 부모helicopter parent'의 등장이다. 자녀 주변을 끝없이 맴돌며 학교 과제, 과외활동, 스포츠 교육 등 모든 면에서 자녀를 과보호하는 부모를 일컫는 말이다. 부모가 자신의 일거수일투족을 감시한다고 말한 아이들의 수가 1986~2006년 사이에 두 배로 뛰었다.[7] 여기에는 기술 발전(특히 휴대폰)으로 자녀를 감시하기가 수월해진 것이 한몫했다. 하지만 개입의 정도가 자녀의 안전 감시에 그치지 않고, 자녀가 부모의 기대에 부응하고 나아가 자존감을 세워주고 있는지 간섭하고 점검하는 데이른다.

지나친 투자와 감시는 자녀에 대한 엄청난 기대로 이어지는 동시에 성공의 감흥을 죽이는 효과를 낸다('엄마가 도와줬으니까 했지'). 최근 미국 심리학회지 〈사이콜로지컬 불러틴Psychological Bulletin〉에 이에 관한 연구가 실렸다. 지난 30년간의 문화 변화가 미국, 캐나다, 영국의 대학생 4만 명의 성격에 미친 영향을 추적한 결과, 십대 후반의 학생들이 남들(친구들, 소셜미디어 팔로어들, 부모 등)에게 인정받기 위해서는 완벽해야 한다고 느끼는 완벽주의 성향이 33% 치솟은 것으로 나타났다. 이때의 완벽주의는 남들이 자신에게 거는 기대가 높다고 믿고, 자신에게 높은 기대치를 적용하고, 동시에 남들에게도 높은 기대치를 적용하는 것을 말한다.[8]

영재의 고달픔

● ○

기대를 한 몸에 받는 것이 일상인 재능 있는 학생들이 특히 사기꾼증후군을 앓기 쉽다. 예를 들어 노래와 춤에 뛰어난 학생을 상상해보자. 이들은 자신이 학교에서 최고라는 믿음이 흔들리면 패닉에 가깝게 심란해한다. 이들에게 2등은 아무 의미가 없다. 자신보다 뛰어난 기량을 보이는 다른 학생의 존재는 자신의 재능 부족을 만방에 드러낼 뿐이다. 이 심리가 엄청난 압박감으로 이어져 이들은 자신을 닦달하며 필사적으로 노력하게 된다. 그렇게 그토록 바라던 최강자의 자리를 다시 찾아도 이들은 결코 성공의 이유를 자신의 능력에서 찾지 않는다. 그저 남들보다 열심히 연습했기 때문이라고 생각한다. 학구적인 면에서 뛰어난 학생의 경우도 마찬가지다.

이렇게 자기회의를 겪는 영재는 자신의 성공을 다음과 같이 해석한다.

내가 과학경시대회에서 우승한 건 죽어라 공부했기 때문이다.

내가 연극에서 이 역을 따낸 건 다른 학생이 오디션을 망쳤기 때문이다.

내가 바이올린 실기 시험에서 높은 점수를 받은 건 시험관이 나를 좋아하기 때문이다.

재능 있는 학생들 사이에 사기꾼증후군이 만연할 가능성이 높다. 그런 학생들은 다음과 같은 징후를 보인다.

- 자신의 '사기행각'을 숨기려는 노력의 하나로 친구들과 교사들과의 관계에서 점점 더 내향적으로 변해간다. 사람들의 관심이나 주의를 끌지 않으면 아무도 자신의 '진실'을 알아채지 못할 테니까.

- 칭찬이나 축하의 말을 경계하고 피한다. 숙제나 과제를 끝내지 않거나 능력을 충분히 발휘하지 않는 등의 자기태만 self-sabotage 행동도 여기 해당한다. 자기가 받을 자격이 없다고 생각하는 호평을 피하기 위해서, 또는 사실 자신에게는 재능이 없다는 것을 '증명'하기 위해서.

- 동류집단의 다른 능력자들에게 위화감이나 위축감 같은 불편한 감정을 느낀다. (자신은 그 무리에 끼지 못한다고 믿기 때문이다.) 이 감정이 소외감을 낳고, 이것이 사기꾼 감정을 강화한다.

- 자신을 영재로 보는 세상의 눈길에 부담을 느낀다.

- 어려운 프로젝트를 맡거나 자신의 '사기성'이 드러날 만한 일에 나서지 않으려 한다.

만약 재능 있는 학생에게서 이런 징후가 보이면 사기꾼증후군의 위험에 직면해 있다는 뜻이다. 정말로 심각한 문제가 되기 전에 극복하려는 노력이 필요하다. 이 장의 끝머리에 있는 대처 요령과 전략을 참고하자.

사회적 압력과 소셜미디어

● ○

학교 관계자들을 대상으로 한 조사 결과, 오늘날의 학생들이 받는 압박의 최대 근원이 소셜미디어로 나타났다. 조사대상자 가운데 상당수(37%)가 소셜미디어를 꼽았고, 그다음은 시험 부담감(27%)이었다.[9] 한 교장은 이렇게 말했다. "현대 사회에서 아이들은 과거의 다른 어떤 세대와도 비교할 수 없을 만큼 많은 압박감을 느낀다. 오늘날 아이들 사이에 이미지와 완벽함에 대한 집착이 팽배해 있고, 거기에는 기술 혁명, 특히 소셜미디어의 약진과 그에 따른 셀러브리티 문화celebrity culture가 굉장히 큰 영향을 미쳤다."[10]

소셜미디어가 청소년 사기꾼증후군에 영향을 끼치는 양상은 어른의 경우와 다르지 않다(79쪽 참고). 다만 거기에 어린 세대에게 특화된 이슈들이 몇 가지 추가된다. 우선, 지금의 청소년은 디지털 네이티브digital native다. 이들은 애초에 디지털 세상에 태어나 디지털 기기에 둘러싸여 성장해서 다른 세상을 모르는 세대다. 이에 비해 성인들은 디지털 혁명 이전의 세상, 즉 보이는 것이 모두 완벽한 건 아니었던 '무보정' 시대의 감성을 간직하고 있고, 아직 오프라인 소통 방법과 사교 기회를 많이 이용한다. 반면 오늘날 청소년 대부분에게는 소셜미디어와 인터넷이 전부다. 〈워싱턴 포스트Washington Post〉지의 한 평론가는 이렇게 표현했다. "소셜미디어는 성공 이미지 분출의 욕망에 불타는 젊은 이들을 불나방처럼 디지털 불꽃으로 끌어들일 공간을 제공했으며 그들이 추구하는 완벽함의 기준을 턱없이 높였다."[11]

같은 맥락에서, 성인들은 어렸을 때 아날로그 세상에서 자존감을 챙길 기회가 있었고 그것이 얼마간 보호망을 제공했겠지만, 지금의 청소년들은 그런 호사를 누리지 못한다. 다수가 자신의 가치를 전적으로 '좋아요'나 팔로어 수로 판단하고, 댓글의 바다를 항해하면서 익명의 플랫폼들에 넘쳐나는 가학적일 만큼 부정적인 피드백을 마주한다. 이는 청소년에게서 자해 행동과 자살이 늘어난 것과 무관하지 않다.[12]

여기에 포토샵 세계와 셀러브리티 문화가 가세한다. 그 세계와 문화에서는 모든 것이 완벽하다. 많은 청소년들이 자신을 기준 미달이라고 느끼는 것은 놀랄 일이 아니다. 이들이 추구하는 것은 불가능한 완벽함이다. 많은 청소년들이 자신의 삶을 턱없이 완벽한 모습으로 재창조해서 세상이 소모하도록 온라인상에 전시하는 일에 매달린다.

이 요소들이 한데 모여 강력한 사기꾼증후군 촉매제를 이룬다. 이 현상을 교육학 박사이자 교육컨설팅 회사 마인드-투-마인드 페런팅Mind-to-Mind Parenting의 설립자 도나 윅Donna Wick은 뉴욕 아동심리협회Child Mind Institute의 웹사이트에 게재된 기사에서 이렇게 표현했다. "[십대의] 취약함, 인증 욕구, 동류집단과의 비교 욕망이 합쳐져 자기회의라는 퍼펙트스톰perfect storm(여러 작은 악재들이 동시에 발생함으로써 생기는 초대형 악재)을 형성한다."
온라인에서 이상화된 페르소나를 창조하는 십대들은 "자기가 온라인에 만든 인물과 자신의 실제 사이의 괴리에 좌절감과 우울감을 느낀다."[13] 완벽한 가짜 페르소나에 탐닉할수록 완벽과는 거리가 먼 현실을 받아들이기는 더 어려워진다.

학생의 삶

● ○

이번 장에서 이야기한 사기꾼증후군 유발성 압박들과 조건들은 청소년이 집과 고등학교라는 상대적으로 편한 환경을 떠나 훨씬 더 복잡하고 만만찮은 대학 세계에 들어가면 더욱 강력한 영향력을 발한다. 갑자기 새로운 실패의 가능성들이 너무나 많이 나타난다. 좋은 인상을 주어야 할 새로운 부류의 사회집단들, 생소한(그리고 성공한다는 보장이 없는) 공부 방식들, 독자적 학습과 자취 생활, 자기 관리, 조직화 기술 등. 사실상 대학에 진학해서 적응에 어려움을 겪는 젊은이들이 무척 많고, 이때 사기꾼증후군이 생길 최적의 조건이 갖춰진다. 스탠퍼드 대학교의 연구자들이 최근 '오리 증후군duck syndrome'이라는 용어를 만들었다. 차분히 미끄러지는 수면 위의 모습과 달리 물 아래서는 떠 있으

려 발버둥치고 있는 오리처럼, 심한 학업 스트레스를 겪으면서
도 겉으로는 모든 것이 잘 통제되고 있는 척하는 대학생들을 빗
댄 말이다.[14] 이것은 사기꾼증후군을 완벽히 묘사한 말이기도 하
다. 메릴랜드 대학교의 한 학생은 학보에 쓴 글에서 이렇게 고백
했다. "우리는 우리가 사기꾼이라고 믿는다. 우리는 주변 사람들
이 (…) 우리의 머리나 재능이나 기량이 사실 변변치 않다는 것
을 알게 될까 봐 매순간 안절부절못한다."[15]

일리노이 대학교의 학보도 최근 '대학생들이 앓는 사기꾼증
후군'이라는 제목의 기사에서 사기꾼증후군이 캠퍼스에 만연해
있다는 것을 인정했다.[16] 이 밖에도 여러 대학이 문제 인식에 동참
했다. 세인트앤드루스 대학교University of St Andrews, 바스 대학교
University of Bath, 케임브리지 대학교University of Cambridge, 임페리
얼 칼리지 런던Imperial College London 등의 영국 대학을 비롯한
여러 교육기관이 웹사이트에서 사기꾼증후군에 대한 조언을 제
공한다. (특히 케임브리지 대학교의 경우는 교내 사기꾼증후군 퇴치 노력
의 일환으로 자기회의를 겪는 학생들에게 확신을 주고자 "본교 입학사정관
은 실수를 하지 않는다"라는 슬로건을 만들었다.[17]) 하버드 대학교 웹사
이트도 "학생지원업무의 주요 화두가 사기꾼증후군"[18]이라고 말
하면서, 사기꾼증후군이 학생들 사이에 유행하는 이유 중 하나
로 대학시절이 과도기라는 점을 들었다.

나도 대학 강단에 서는 사람으로서 교육 현장에서 사기꾼증

후군의 실례들을 본다. 내가 목격한 사례들은 다음과 같다.

- (바에서 일한 경험 등의) 직업 경력을 쓸데없거나 부끄럽게 생
  각하는 학생들. 이런 종류의 이력에 자부심과 자신감을 드
  러내는 학생은 극소수고, 대개는 경력을 무용지물로 저평
  가한다.

- 프레젠테이션에서 높은 평가를 받거나 과제 수행에서 괄목
  할 실력을 보였지만 딱히 100점을 받지 못한 학생들. 94점
  (두 번째로 높은 점수)을 받고도 내게 이메일로 점수를 문의
  하는 학생들은 '사기꾼'일 가능성이 농후하다. 그들은 점수
  에 만족하지 않고, 자신이 얼마나 잘 해냈는지에 집중하기
  보다 자신이 완벽하지 않다는 사실에 집착하고, 그것을 자
  신이 부족하다는 증거로 삼는다.

- 같은 맥락에서 학생 사기꾼은 자신이 제출한 과제에 대한
  긍정적인 논평들은 모두 무시하고, 다소 부정적인 단 하나
  의 논평에서 헤어 나오지 못한다.

- 실력이 탁월한 학생 중에 자신은 모두가 탐내는 자리를 따
  낼 만큼 뛰어나지 못하다고 지레 믿고 유급 인턴십을 신청
  하지 않는 경우가 있다.

- 꾸준히 좋은 성적을 받는데도 다음번 과제나 시험에서 자
  신의 '정체'가 탄로 날까 봐 조바심치고 안달복달하는 학생

들. 이들은 교수에게 끝없이 문의하고 또 문의한다.

- 자신에 대한 기대수준이 너무 높아서 과제가 충분히 훌륭
하지 않을까 봐 제때 제출하는 데 애를 먹는 학생들. 이들
은 고치고 또 고치다가 볼 장 다 본다.

케이스 스터디

의대 1학년인 모즈는 불안증과 낮은 자존감이 문제였다. 그는 자신과는 비할 수 없이 뛰어난 듯한 다른 학생들 틈에서 잔뜩 의기소침해 있었다. 의대는 실력자 중의 실력자만 붙는다는 것을 잘 알고 있었다. 그런데도 그는 자신을 군계일학이라고 느끼기는커녕 자신이 엄격한 학생 선발 과정의 구멍을 어물쩍 통과한 가짜라고 생각했다. 다른 학생들은 그에 비해 너무나 세련되고 전문적이었다. 그보다 많이 알고 그에게는 없는 자신감에 차 있는 듯했다. 그들 중 다수가 의사 부모를 두었지만 모즈의 부모는 난민이었고 가족 중에 대학에 간 사람은 그가 처음이었다. 그는 자신을 진짜들 사이에 숨어 있는 사기꾼으로 느꼈고 발각될까 두려워하며 살았다.

이 공포가 그를 누구보다 열심히 공부하도록 몰아붙였다. 능력 부족을 들키지 않으려면 어쩔 수 없었다. 하지만 얼마나 노력하는지는 중요하지 않았다. 아무리 해도, 학교가 실수로 자신을 입학시켰고 조만간 다들 그걸 알게 될 것이라는 사기꾼 감정을 떨칠 수 없었다. 그는 정체가 탄로 나는 것도 두렵고 자신을 너무나 자랑스러워하는 가족이 그로 인해 수치심을 느끼게 될 것도 두려웠다.

학생들이여, 이런 사기꾼 감정이 정말 흔한 현상이라는 것을 명심하자. 한 예로《카리스마신화The Charisma Myth》의 저자 올리비아 폭스 커베인Olivia Fox Cabane이 스탠퍼드 경영대학원의 신입생들에게 "자신이 입학사정위원회의 실수로 여기 있다고 느끼는 사람?" 하고 물었을 때 놀랍게도 방에 모인 사람의 3분의 2가 손을 들었다.[19]

대처 요령과 전략

● ○

자녀가 사기꾼증후군을 피하거나 극복하도록 돕는 것이 부모와 교육자, 나아가 사회 전체의 중요한 과제 가운데 하나가 됐다. 자녀의 사기꾼증후군 발병 가능성을 최소화하려면 부모가 어떻게 하는 것이 좋을까? 자녀와의 바람직한 상호작용을 위해 다음의 가이드라인을 참고하자. 아울러 앞장들에서 제시한 방법들도 적극 활용하기 바란다.

아이에게 꼬리표를 달지 말자

나쁜 의도로 자녀에게 '명석한 아이' 또는 '착한 아이'라는 꼬리표를 다는 부모는 없다. 부모는 자신이 아이를 좋은 방향으로 몬다고 여긴다. 어쨌거나 긍정적인 꼬리표인데 아이의 기를 살려

주는 게 아닐까? 하지만 안타깝게도 아이에게 해로운 부담이 될 수 있다. 많은 아이가 거기 부응하려고 안간힘을 쓰다 불필요한 자기회의에 빠진다.

아이 각각의 개별성을 인정하고, 형제자매끼리 또는 내 아이와 다른 아이들을 비교하는 것을 지양하자. 예를 들어 자녀 중 누가 예술적 재능이 가장 뛰어난지에 상관없이 모두의 예술적 흥미를 응원할 필요가 있다. 친척들이 내 아이에게 꼬리표를 붙이는 것도 말려야 한다('넌 정말 수학 천재구나!').

자녀와 함께 할 수 있는 좋은 연습이 있다. 아이 각각의 장점 리스트나 특기 리스트를 작성해보자. 같은 특기를 가졌거나 같은 것을 더 잘하는 형제자매가 있더라도, 거기 상관없이 아이가 자기가 잘하는 것을 모두 적을 수 있게 격려하자.

너무 높은 기대는 금물

같은 맥락에서, 자신이 자녀에게 어떤 기대를 하는지, 그것을 자녀에게 어떤 방식으로 전달하고 있는지 되돌아보자. 자신이 부모의 기대에 부응하지 못할 것이라는 걱정이 앞서는 아이는 자기비하 논리에 빠져 사기꾼증후군에 걸리기 쉬워진다. 따라서 아이에 대한 지나친 기대는 금물이다. 기대를 높이고 싶은 유혹을 견디자. 잠재의식에서도 몰아내자. 자녀가 꿈을 품고 꿈을 이루도록 격려하되, 친절이나 배려처럼 점수로 측정되지 않는 자질도 부모가 어느 재능 못지않게 응원한다는 것을 알게 해 주자.

과잉칭찬은 독(심한 비판도 독)

이것은 균형의 문제고, 물론 균형을 유지하기란 쉽지 않다. 아이의 기를 살리겠다고 작은 일에도 칭찬을 퍼붓는 것은 아이가 건전한 자존감을 형성하는 데 도움이 되지 않는다. 오히려 아이에게 외부의 칭찬은 부질없다는 인식만 키운다. 내 상담클리닉의 어린 내담자 중 한 명이 자기 엄마는 잠자리에서 나오기면 해도 칭찬을 한다고 했다. 이런 칭찬은 아이에게 가짜가 된 기분을 주고 자신이 칭찬 세례를 받을 자격이 있는지 의심하게 한다. 그런 아이는 '진짜' 또는 '실질적' 인증, 다시 말해 상이나 증명서나 성적에 집착하고, 주위의 칭찬에서는 좀처럼 진정성을 느끼지 못한다. 어렸을 때 부모의 칭찬을 반신반의하며 자란 영향이다.

마찬가지로 지나친 비판도 자녀에게 해롭다. 비판적인 부모의 자녀는 기를 쓰고 남의 인정을 받기 위해 노력하지만 막상 성과를 내도 결과에 만족하지도, 남들이 정말로 자신을 인정한다는 확신을 얻지도 못하는 사람이 될 수 있다. 이런 사람은 칭찬을 받아도 자신을 그걸 받을 자격이 없다고 생각한다. 그런 인정에 익숙하지 않은 어린 시절을 보냈기 때문이다.

자녀에게 자신감이 생길 기회를 주자

자녀를 너무 많이 도와주거나 너무 많은 것을 해주지 말자. 아이들은 자신감을 길러야 하고 자신감은 뭔가를 능동적으로 해냈을 때 얻어진다. 엄마아빠가 언제나 구해주고 도와주면 성공을 해도 그건 엄마아빠의 공일 뿐, 아이가 자기 힘으로 해낸 일은 아니게 된다. 아이가 어른이 되면 이런 귀인 편향이 타인들에게까지 확대된다. 다시 말해 무엇을 이뤄내든 그건 자신이 잘해서가 아니라 다른 누구의 덕분이라고 생각하게 된다.

실수했다고 나무라지 말자

누구나 실수를 한다. 아이들의 실수는 더 당연하다. 우리가 우리에게 실수할 여지를 주듯이 자녀에게도 실수를 두려워하지 않는 용기를 주어야 한다. 학교와 교육은 성공에 역점을 둘 뿐 '실패'를 받아들이는 법을 가르치는 데는 서툴거나 무심하다. 자녀에게 이기지 않는 것도 중요하며, 그런 경험이 회복탄력성 resilience(도전에 직면해서 다시 일어서는 능력)을 길러준다는 것을 가르치자. 예를 들어 아이가 시험을 못 봤거나 피아노 심사에서 떨어졌을 때 아이의 노력이 충분하지 않았음을 지적하기보다 긍정적이고 낙관적인 태도를 유지하면서 아이에게 실패의 경험에서 무엇을 얻을지 생각할 기회를 준다. 그래야 좌절이나 실패에 주저앉지 않는 아이가 된다.

젠더 편향적 기대를 지양하자

자신이 자녀에게 젠더 편향적 기대를 하고 있지는 않은지 돌아보자. 아이에게 정형화된 여성성 또는 남성성을 강요하지 말자. 자녀를 젠더 편향적 관심사나 활동이나 취미로 몰아가는 일이 없어야 한다. 아이는 자신에게 부과된 젠더 편향적 이상형에 부응해야 한다는 압박을 받고, 자신이 거기 부응하지 못한다고 생각되면 불필요한 자괴감에 빠질 수 있다. 그렇다고 젠더 편향을 깬 업적에 지나치게 의미를 둘 필요도 없다. 예들 들어 남성지배적 업종에서 일하는 여성 엔지니어는 자신이 해당 젠더를 대표한다는 버거운 부담을 느낄 수 있다. 늘 그렇듯이 중요한 건 균형이다.

나가는 글

사기꾼증후군은 마음을 좀먹는 증상이다. 하지만 걱정할 건 없다. 사기꾼증후군은 충분히 극복해낼 수 있을 뿐 아니라 잘만 하면 오히려 인생에서 전화위복의 효과를 내기도 한다.

다른 정신건강 문제들과 마찬가지로, 사기꾼증후군을 극복하는 첫걸음은 문제의 존재를 인지하는 것이다. 우리는 이 책의 전반에서 사기꾼증후군을 일으키는 여러 요인과 진정시키는 요인을 깊이 있게 살폈다. 독자 본인이, 또는 독자가 아는 사람이 이 증후군을 앓고 있는지 파악하는 데 도움이 됐기를 바란다. 문제를 깨닫고 거기에 대해 보다 면밀히 이해하게 됐다면, 이 책에서 내놓은 대처법들을 참고해 사기꾼증후군 극복과 자신감 향상에 능동적으로 나서자. 3~7장 끝머리에 다양한 대처 요령과 전략을 제시했다. 일부는 특정 집단을 특히 염두에 두고 설계됐지만 대부분 모두에게 적용 가능하다.

이 대처 전략들을 활용하고 자기 상태에 대한 이해를 강화하는 것이 사기꾼증후군에서 벗어나 더는 거기에 발목 잡히지 않는 길이다. 하지만 목표는 사기꾼 심리를 완전히 뿌리 뽑는 것이 아니라 최소화하는 것이다. 알다시피 사기꾼 감정(가면 감정)은 내적 만족보다 외부 호평에 집착하면서 자기회의에 시달리는 상태를 말한다. 이 상태에 빠지는 사람들은 주로 인생에서 적어도 어느 정도 성공을 이룬 사람들이다. 따라서 만약 여러분이 사기꾼증후군을 앓는다면 그건 여러분이 자기 일에 실제로 뛰어난 사람이라는 뜻이다.

또한 가면 쓴 사기꾼이 된 기분에 시달리는 사람이 의외로 많다는 것을 기억하자. 나 같은 사람이 많다는 데서 용기를 얻기를 바란다. 사기꾼증후군은 무척 흔한 현상이다. 앞서 말했듯 우리 중 70%가 평생 한 번 이상 사기꾼증후군을 경험한다는 통계 결과도 있다. 자신은 가짜라는 가면 감정을 느끼는 사람이 그렇지 않은 사람보다 오히려 '일반적'이다. 사람들을 어떻게 모아놓아도 거기에는 '사기꾼'이 여럿 있을 가능성이 굉장히 높다. 그러니 자신이 진짜들 사이의 가짜라는 기분이 들 때 그것이 나 혼자 겪는 일이 아님을 떠올리면서 혹시 모를 고립감이나 소외감을 털어내자.

때로는 본인의 능력이나 기량에 대한 의심과 불안감이 일의 성공 가능성을 높이는 약이 될 수도 있다. 그런 사람은 자신의 최선을 실현하려고 늘 확인하고 관리하기 때문이다. 사기꾼증후군을 겪지 않는 사람들이 오히려 방심과 자기과신이라는 덫에 걸려 장기적으로 업무 수준이 떨어지는 처지가 될 수 있다. 근거 없는 말이 아니다. 유능한 학생들은 자기 등수를 과소평가한 반면, 상대적으로 무능한 학생들은 자기 등위를 과대평가하는 경향을 보였다.[1]

비결은 이렇다. 자기불신 같은 사기꾼 심리를 되도록 억제하되, 어쩔 수 없이 회의감이 들 때는 그것을 당면 과제나 자기 자신을 더 많이 파악하는 기회로 삼는 것이다. 가벼운 사기꾼증후군은 오히려 자신을 다잡고 최선을 이끌어내는 긍정적인 자극제가 될 수도 있다. 다만 중요한 것은 문제의 완전한 제거보다 문제의 수용과 균형 잡기다. 문제를 인지하고 이해하는 일, 대응 전략을 적절히 활용하는 것이 자기회의를 극복해내는 일의 시작이다. 꾸준히 하다 보면 자신감이 생기고 행복한 균형에 이르게 된다. 그것을 돕는 것이 이 책의 목표다.

들어가는 글

1 Sakulku, J (2011). The Impostor Phenomenon (PDF). *International Journal of Behavioral Science, 6 (1)*, 73-92

1장

1 Clance, P., & Imes, S. (Fall 1978). The imposter phenomenon in high achieving women: dynamics and therapeutic intervention (PDF). *Psychotherapy: Theory, Research & Practice, 15 (3)*: 241-247

2 Anderson, L.V. (2016). Feeling Like An Impostor Is Not A Syndrome. https://slate.com/business/2016/04/is-impostor-syndrome-real-and-does-it-affect-women-more-than-men.html

3 McMillan, B. (2016). Think like an imposter and you'll go far in education. *Times Higher Education* https://www.timeshighereducation.com/blog/think-impostor-and-youll-go-far-academia

4 Thompson, J.D. (2016). I'm not worthy: imposter syndrome in academia. The Research Whisperer https://theresearchwhisperer.wordpress.com/2016/02/02/imposter-syndrome/

5 Richards, C. (October 26, 2015). Learning to Deal With the Impostor

Syndrome. *The New York Times* https://www.nytimes.com/2015/10/26/your-money/learning-to-deal-with-the-impostor-syndrome.html

6   NPR (2016). Tom Hanks Says Self-Doubt Is 'A High-Wire Act That We All Walk' https://www.npr.org/2016/04/26/475573489/tom-hanks-says-self-doubt-is-a-high-wire-act-that-we-all-walk

7   Aronofsky, D. (2017). Michelle Pfeiffer. *Interview Magazine* https://www.interviewmagazine.com/film/michelle-pfeiffer

8   Shorten, K. (2013). High-achievers suffering from 'Imposter Syndrome' http://www.news.com.au/finance/highachievers-suffering-from-imposter-syndrome/news-story/9e2708a0d0b7590994be28bb6f47b9bc

9   같은 글

10 같은 글

11 같은 글

12 같은 글

13 같은 글

14 같은 글

15 같은 글

16 같은 글

17 Francis, A. (2013). Emma Watson: I suffered from 'imposter syndrome' after Harry Potter—I felt like a fraud. *Celebs Now* http://www.celebsnow.co.uk/celebrity-news/emma-watson-i-suffered-from-imposter-syndrome-after-harry-potter-i-felt-like-a-fraud-90219

18 Clance (주 1번)

19 Jarrett, C. (2010). Feeling like a fraud. *The Psychologist* https://thepsychologist.bps.org.uk/volume-23/edition-5/feeling-fraud

2장

1 J. N. Egwurugwu1, P. C. Ugwuezumba1, M. C. Ohamaeme2, E. I. Dike3, I. Eberendu4, E. N. A. Egwurugwu5, R. C. Ohamaeme6, Egwurugwu U. F (2018). Relationship between Self-Esteem and Impostor Syndrome among Undergraduate Medical Students in a Nigerian University. *International Journal of Brain and Cognitive Sciences* p- 2163-1840 7(1): 9-16

2 Jarrett, C. (2010). Feeling like a fraud. *The Psychologist* https://thepsychologist.bps.org.uk/volume-23/edition-5/feeling-fraud

3 같은 글

4 Curtis, S. (2014). Social media users feel 'ugly, inadequate and jealous'. *The Telegraph* https://www.telegraph.co.uk/technology/social-media/10990297/Social-media-users-feel-ugly-inadequate-and-jealous.html

5 Social media use and self-esteem. *New York Behavioural Health* http://newyorkbehavioralhealth.com/social-media-use-and-self-esteem

6 Curtis (주 4번)

7 Silva, C. (2017). Social Media's impact on self-esteem. *Huffington Post* https://www.huffingtonpost.com/entry/social-medias-impact-on-self-esteem_us_58ade038e4b0d818c4f0a4e4

8 Hunt, E. (2015). Essena O'Neill quits Instagram claiming social media 'is not real life'. *The Guardian* https://www.theguardian.com/media/2015/nov/03/instagram-star-essena-oneill-quits-2d-life-to-reveal-true-story-behind-images

9 (주 5번)

10 Jan, Muqaddas & Anwar Soomro, Sanobia & Ahmad, Nawaz (2017).

Impact of social media on self-esteem. *European Scientific Journal* *13*, 329-341, 10

11 Hymas, C. (2018). A decade of smartphones: We now spend an entire day every week online. *The Telegraph* https://www.telegraph.co.uk/news/2018/08/01/decade-smartphones-now-spend-entire-day-every-week-online/

12 (주5번)

13 Carter, C.M. (2016). Why so many Millennials experience Imposter Syndrome. *Forbes* https://www.forbes.com/sites/christinecarter/2016/11/01/why-so-many-millennials-experience-imposter-syndrome/#782a89d46aeb

14 Hosie, R. (2017). Millenials struggle to cope at work. *The Independent* https://www.independent.co.uk/life-style/millennials-struggling-work-careers-because-their-parents-gave-them-medals-for-coming-last-simon-a7537121.html

15 Weir, K. (2013) Feel like a fraud? American Psychological Association http://www.apa.org/gradpsych/2013/11/fraud.aspx

16 Stein, J. (2013) Millenials: the me me me generation *Time Magazine* http://time.com/247/millennials-the-me-me-me-generation/

3장

1 Clance, P. & Imes, S. (Fall 1978). The imposter phenomenon in high achieving women: dynamics and therapeutic intervention (PDF). *Psychotherapy: Theory, Research & Practice. 15 (3)*: 241-247.

2 Price, M. (2013). Imposters downshift career goals. *Science* http://www.sciencemag.org/careers/2013/09/impostors-downshift-career-

goals

3   Pratini, N. (2018). the truth about imposter syndrome amongst tech
    workers. *Hired* https://hired.com/blog/candidates/truth-imposter-
    syndrome-tech-workers/

4   Anderson, L.V. (2016). Feeling Like An Impostor Is Not A Syndrome.
    http://www.slate.com/articles/business/the_ladder/2016/04/is_
    impostor_syndrome_real_and_does_it_affect_women_more_than_men.
    html

5   Vale, J. (2017) Gender pay gap. *The Independent* https://www.
    independent.co.uk/news/business/news/women-jobs-careers-12-
    per-cent-jobs-paying-150000-per-year-income-gender-pay-gap-
    equality-a7537306.html

6   Sandberg, S. (2012). *Lean In: Women, Work, and the Will to Lead* WH
    Allen

7   Harbach, J. (2017). Eliminate the fear of imposter syndrome.
    Entrepreneur https://www.entrepreneur.com/article/303423

8   Tyler, R. (2010). Do women fear rejection more than men? *The
    Telegraph* https://www.telegraph.co.uk/finance/businessclub/
    8010710/Do-women-fear-rejection-more-than-men.

9   Hobbs, R. (2018). Supporting women past imposter syndrome and
    into leadership. *HRZone* https://www.hrzone.com/engage/

10 Kanazowa, S. (2014). Why do so many women experience the Impos-
    ter syndrome? *Psychology Today* https://www.psychologytoday.com/
    us/blog/thescientific-fundamentalist/200912/why-do-so-many-
    women-experience-theimposter-syndrome

11 같은 글

12 Clance, P. & Imes, S. (Fall 1978). The imposter phenomenon in high
    achieving women: dynamics and therapeutic intervention (PDF).

Psychotherapy: Theory, Research & Practice. 15 (3): 241-247

13 Tyler (주 8번)

14 Jepson, S. (2018). Are we women the imposters many of us think we are? *Entrepreneur* https://www.entrepreneur.com/article/309446

15 Goudreau, J. (2011). Women who feel like frauds Forbes *Magazine* https://www.forbes.com/sites/jennagoudreau/2011/10/19/women-feel-like-frauds-failures-tina-fey-sheryl-sandberg/#3dbe59d330fb

16 Kay, K. & Shipman, C. (2014). The confidence gap. *The Atlantic* https://www.theatlantic.com/magazine/archive/2014/05/the-confidence-gap/359815/

17 같은 글

18 같은 글

19 Warrell, M. (2016). For women to rise we must close the confidence gap. *Forbes* https://www.forbes.com/sites/margiewarrell/2016/01/20/gender-confidence-gap/#c43200e1efa4

20 Barkhorn, E. (2013). Are successful women really less likeable than successful men? *The Atlantic* https://www.theatlantic.com/sexes/archive/2013/03/are-successful-women-really-less-likable-than-successful-men/273926/

21 Elsesser, K.M. & Lever, J. (2011). Does gender bias against female leaders persist? Quantitative and qualitative data from a large-scale survey *Human Relations 64(12)* 1555-1578

22 같은 글

23 The confidence gap: why do so many of us feel like imposters at work? *Prowess* 2016 http://www.prowess.org.uk/the-confidence-gap-do-women-in-the-workplace-feel-like-imposters

24 Kay (주 16번)

25 Tejada, C. (2017). Women have less confidence than men when applying for jobs. *Huffington Post* https://www.huffingtonpost.ca/2017/02/10/women-confidence-jobs_n_14675400.html

26 Price (주 2번)

27 Chignell, B. (2018). 10 essential remote working statistics *CIPHR* https://www.ciphr.com/advice/10-remote-working-stats-every-business-leader-know/

28 Chokshi, N. (2018). Out of the office. *The New York Times* https://www.nytimes.com/2017/02/15/us/remote-workers-work-from-home.html

29 Remote companies have more women leaders. *Remote.co* https://remote.co/remote-companies-have-more-women-leaders-these-are-hiring/

4장

1 Anderson, L.V. (2016). Feeling Like An Impostor Is Not A Syndrome http://www.slate.com/articles/business/the_ladder/2016/04/is_impostor_syndrome_real_and_does_it_affect_women_more_than_men.html

2 Lebowitz, S. (2016). Men are suffering from a psychological phenomenon, but they're too ashamed to talk about it. *Business Insider* http://uk.businessinsider.com/men-suffer-from-impostor-syndrome-2016-1

3 Anderson (주 1번)

4 Genders deal with academic delusions differently. *Times Higher* https://www.timeshighereducation.com/news/genders-deal-academic-delusions-differently

5 Lebowitz (주 2번)

6 The confidence gap: why do so many of us feel like imposters at work? *Prowess 2016* http://www.prowess.org.uk/the-confidence-gap-do-women-in-the-workplace-feel-like-imposters

7 (2018) Men and status: an introduction. *Art of Manliness* https://www.artofmanliness.com/articles/men-and-status-an-introduction/

8 von Rueden, C., Gurven, M., Kaplan, H. (2008). The multiple dimensions of male social status in an Amazonian society. *Evol Hum Behav.;29(6):*402-415

9 Unexpected social pressures in males. University of Pittsburgh http://www.wstudies.pitt.edu/blogs/msf31/unexpected-social-pressures-males

10 Young, S. (2017). Man up: are masculine stereotypes making men fear ageing? *The Independent* https://www.independent.co.uk/life-style/men-male-ageing-masculine-stereotypes-fear-toxic-masculinity-a7602256.html

11 Doward, J. (2016). Men much less likely to seek mental health help than women. *The Guardian* https://www.theguardian.com/society/2016/nov/05/men-less-likely-to-get-help--mental-health

12 Gladwell, H. (2018). 20 men reveal the one thing they wished they knew about other men's mental health. *The Metro* https://metro.co.uk/2018/03/01/20-men-reveal-the-one-thing-they-wish-others-knew-about-mens-mental-health-7351683/

13 Doward (주 11번)

14 Wells, J. (2015). Is Man-Up the most destructive phrase in modern culture? *The Telegraph* https://www.telegraph.co.uk/men/thinking-man/11724215/Is-man-up-the-most-destructive-phrase-in-modern-culture.html

15 Femiano, S. & Nickerson, M. (1989). How do media images of men affect our lives? *Center for Media Literacy* http://www.medialit.org/reading-room/how-do-media-images-men-affect-our-lives

16 Men's mental health and attitudes towards seeking help. *National elf service* https://www.nationalelfservice.net/mental-health/mens-mental-health-and-attitudes-to-seeking-help-an-online-survey/

17 Murphy, D. & Busuttil, W. (2015). PTSD, stigma and barriers to help-seeking within the UK Armed Forces. *J R Army Med Corps Dec;161(4):322-326*

18 같은 글

19 12 signs that you might have homosexual OCD. https://www.intrusivethoughts.org/blog/12-signs-might-homosexual-ocd/

20 Kinsey, A. *Sexual Behaviour in the Human Male* (1948) and *Sexual Behaviour in the Human Female* (1953). Saunders.

21 Ijaz, R. (2016). 5 reasons your employees shouldn't fear making mistakes. *Entrepreneur* https://www.entrepreneur.com/article/280656

22 Farson, R. & Keyes, R. (2002). The Failure-tolerant Leader. *Harvard Business Review* https://hbr.org/2002/08/the-failure-tolerant-leader

23 Saunders Medlock, L. (2014). Don't fear failure. *Huffington Post* https://www.huffingtonpost.com/lisabeth-saunders-medlock-phd/dont-fear-failure-9-powerful-lessons-we-can-learn-from-our-mistakes_b_6058380.html

24 Gilbert, D. (2006). *Stumbling on to Happiness*. New York: Vintage Books [한국어판: 대니얼 길버트, 《행복에 걸려 비틀거리다》, 최인철 외 옮김, 김영사, 2006]

25 Diener, E., Lucas, R.E., & Scollon, C. N. (2006). Beyond the Hedonic Treadmill: Revisions to the adaptation theory of well-being. *American Psychologist, 61,* 305-314

5장

1 Solomon, K. (2017). Here's why imposter syndrome can be a good thing. *Prevention* https://www.prevention.com/life/a20487332/imposter-syndromebenefits/

2 Mann, S. (2018). *10 Minutes to Happiness*. London: Little, Brown

3 Mann, S. (2015). *Paying it Forward: How one cup of coffee could change the world*. London: HarperTrue Life

4 Hartwell-Walker, M. How many friends do you need? *Psych Central* https://psychcentral.com/lib/how-many-friends-do-you-need/

5 Coleman, N. You've got everything so why are you depressed? *The Daily Mail* http://www.dailymail.co.uk/health/article-30500/Youve-got—depressed.html

6 Walton, A. (2015). Why the super-successful get depressed. *Forbes* https://www.forbes.com/sites/alicegwalton/2015/01/26/why-the-super-successful-get-depressed/#5974f9c23850

7 Aggarwal, Y. The importance of meaning in life. *All about psychology* https://www.all-about-psychology.com/the-importance-of-meaning-in-life.html

8 Frankl, V. (1978). *The unheard cry for meaning*. New York: Simon & Schuster

6장

1 Carter, C. (2016). Why so many Millennials experience imposter syndrome. *Forbes* https://www.forbes.com/sites/christinecarter/2016/11/01/why-so-many-millennials-experience-imposter-

syndrome/2/#38fe0edc31ea

2 SWNS (2017) Myth of the perfect parent is driving Americans nuts. *New York Post* https://nypost.com/2017/09/08/myth-of-the-perfect-parent-is-drivin-gamericans-nuts/

3 Schoppe-Sullivan, S. (2016). Worrying about being a perfect mother makes it harder to be a good parent. *The Conversation* http://theconversation.com/worrying-about-being-a-perfect-mother-makes-it-harder-to-be-a-good-parent-58690

4 Mowat, L. (2018). 'That's NOT inspiring!' Radio host slams Kate's immaculate look 7 HOURS after giving birth. *Daily Express* https://www.express.co.uk/news/royal/951215/kate-middleton-royal-baby-photos-meshel-laurie-kensington-palace-twitter

5 Lally, M. (2017). There's no such thing as he perfect mother—let's drop the guilt. *The Telegraph* https://www.telegraph.co.uk/women/family/no-thing-perfect-mother-drop-guilt/

6 Willis, O. (2016). Feeling like a fake—dealing with parent imposter syndrome. *The Independent* https://www.independent.ie/life/family/mothers-babies/feeling-like-a-fake-dealing-with-parent-impostor-syndrome-34394121.html

7 Steinmetz, K. (2015). Help! My parents are Millennials. *Time Magazine* http://wp.lps.org/tnettle/files/2015/03/Help-My-Parents-are-Millennials.pdf

8 Willis (주6번)

9 Steinmetz (주7번)

10 같은 글

11 Degwitz, M. (2017). How to resist the lure of competitive parenting. *Aleteia* https://aleteia.org/2017/11/09/how-to-resist-the-lure-of-competitive-parenting/

12 Schoppe-Sullivan (주 3번)

13 Bingham, J. (2013). Average age of women giving birth is now nearly 30. *The Telegraph* https://www.telegraph.co.uk/women/mother-tongue/10380260/Average-age-of-women-giving-birth-now-nearly-30.html

14 Harris, J. Parenting styles have changed but children have not. *Edge* https://www.edge.org/response-detail/11859

15 https://www.thecut.com/2016/06/is-it-really-possible-for-parents-to-be-friends-with-their-kids.html

16 Steinmetz (주 7번)

17 SWNS (주 2번)

18 Willis (주 6번)

19 McCombs, E. (2017). I think I have imposter syndrome but for parents. *Huffington Post*. https://www.huffingtonpost.co.uk/entry/i-think-i-have-imposter-syndrome-but-for-parents_us_58dbcadbe4b0cb23e65d4f38?guccounter=1

20 같은 글

21 Willis (주 6번)

22 Parenting shifts in the last century. A mother far from home blog. https://amotherfarfromhome.com/howhasparentingchangedinthelastcentury/

23 Edgar, J. (2014). Give your child time to be bored, pushy parents are urged. *The Telegraph* http://www.telegraph.co.uk/education/educationnews/10556523/Give-your-child-time-to-be-bored-pushy-parents-are-urged.html

24 Schoppe-Sullivan (주 3번)

25 Bulman, M. (2016). Huge increase in the number of primary school children not potty trained. *The Independent* https://www.independent.

co.uk/news/uk/home-news/children-potty-trained-nappies-toilet-huge-primary-school-parents-a7224976.html

7장

1 Weale, S. (2017). More primary school children suffering from stress from SATS survey finds. *The Guardian* https://www.theguardian.com/education/2017/may/01/sats-primary-school-children-suffering-stress-exam-time

2 Busby, E. (2018). Parents told that sick children must sit all Sats exams as calls for boycott grow *The Independent* https://www.independent.co.uk/news/education/education-news/sats-primary-school-exams-parents-ill-boycott-children-mental-health-a8333296.html

3 Heywood, J. (2017). Pressure on children to get into top schools has reached crisis point. *The Telegraph* https://www.telegraph.co.uk/education/educationopinion/11684535/Pressure-on-children-to-get-into-top-schools-has-reached-a-crisis-point.html

4 Lambert, V. (2014). The truth behind the death of Little Miss Perfect. *The Telegraph* https://www.telegraph.co.uk/women/womens-health/11016817/The-truth-behind-the-death-of-Little-Miss-Perfect.html

5 같은 글

6 Simmons, R. Perfectionism in teens is rampant—and we are not helping. *Washington Post* https://www.washingtonpost.com/news/parenting/wp/2018/01/25/lets-stop-telling-stressed-out-kids-theyre-putting-too-muchpressure-on-themselves-its-making-things-worse/?utm_term=.f11aab5f1a98

7 같은 글

8 같은 글

9 Weale (주 1번)

10 Heywood (주 3번)

11 Simmons (주 6번)

12 Edwards, J. (2013). Users on this website have successfully driven nine teenagers to kill themselves. *Business Insider* https://www.businessinsider.com/askfm-and-teen-suicides-2013-9?IR=T

13 Jacobson R. Social media and self doubt. *Child Mind Institute* https://childmind.org/article/social-media-and-self-doubt/

14 같은 글

15 Kodan, A. (2017). Many UMD students feel like frauds. Blame imposter syndrome. *The Diamondback* http://www.dbknews.com/2017/11/08/impostor-syndrome-college-students-umd-minorities-race-fraud-self-image/

16 Linton, J. (2018). Imposter Syndrome real amongst University students. *The Daily illini* https://dailyillini.com/opinions/2018/02/21/imposter-syndrome-real-among-university-students/

17 Gargaro, P. (2016). Imposter syndrome? Here's why it doesn't matter. *The Cambridge Tab* https://thetab.com/uk/cambridge/2016/10/30/imposter-syndrome-doesnt-matter-83202

18 Yun, J. (2018). Imposter Syndrome. Harvard university website. https://gsas.harvard.edu/news/stories/imposter-syndrome

19 Chen, O. (2017). How to reap the benefits of imposter syndrome. *Be Yourself*. https://byrslf.co/how-to-reap-the-benefits-of-impostors-syndrome-eb5e0080e626

나가는 글

1 Chen, O. (2017). How to reap the benefits of imposter syndrome. *Be Yourself.* https://byrslf.co/how-to-reap-the-benefits-of-impostors-syndrome-eb5e0080e626

impostersydrome.com 117

PTSD 135~137

Y세대 86

ㄱ

〈가디언〉 130, 213

가족 역학관계 27, 29

고정관념 반발 120, 121

공적 자기 174

귀인 오류 76

귀인 편향 74, 230

기분부전증 176, 178

ㄴ

능력 격차 99

ㄷ

다운시프터 105, 106

더닝-크루거 효과 70, 121

던바, 로빈 171

동성애 강박 장애 138, 139

드러커, 피터 148

ㄹ

《린 인》 93

ㅁ

매력 공세 33, 34

미국심리학회 87, 218

ㅂ

부모 완벽주의 188

ㅅ

〈사이콜로지 투데이〉 97

사적 자기 174

사회적 비교 73, 78, 79, 82~84, 86

사회적지지 119

생각회로 74, 113, 161, 162, 182

《성공한 여자들의 은밀한 생각》21, 48, 100

셀러브리티 문화 221, 222

셸 쇼크 135

소아성애 강박 장애 143

슈퍼 사기꾼 51, 52

심리적 회복탄력성 135, 197

ㅇ

엄마경쟁 194, 201

역할부조화 100, 103

영국 리더십경영연구소 96

영국 정신건강재단 129

오닐, 에세나 81

오리 증후군 223

완벽주의자 38, 40, 48, 49, 51, 55, 64, 163

외상 후 스트레스 장애 135

〈위미노믹스〉102, 105

윅, 도나 222

유능 유형 48

유리천장 101

〈인간관계〉103

인지부조화 31, 38, 40, 43, 70, 161, 162, 165

ㅈ

자기고정관념 99

자기대화 119

자기본위편향 76

자기불구화 41, 42

자기충족예언 104, 109, 204

자기태만 220

자기확신 64, 68, 69, 109, 165

자신감 격차 99, 101, 102, 109

자존감 8, 35, 67~74, 85, 86, 132, 139, 140, 149, 157, 164, 197, 205, 218, 222, 226, 229

정신승리 42

〈정신질환의 진단 및 통계 편람 제5판〉 17

제휴욕구 82

젠더 효과 106

지적 아첨 33

집중 양육 189

ㅋ

《카리스마신화》227

쾌락의 쳇바퀴 153

ㅍ

퍼펙트스톰 223
페르소나 169, 223
페스팅어, 리언 82
프랭클, 빅터 178

ㅎ

핵심믿음 68, 70, 71
《행복에 걸려 비틀거리다》 152
허영 인증 85
허친스, 홀리 119
헬리콥터 부모 217
호랑이엄마 203, 204

나는 왜 나를 가짜라고 생각할까

—

1판 1쇄 인쇄 2021년 2월 24일
1판 1쇄 발행 2021년 3월 5일

—

지은이 산디 만
옮긴이 이재경

—

펴낸이 강동화
펴낸곳 반니
주소 서울시 서초구 서초대로77길 54
전화 02-6004-6881 팩스 02-6004-6951
전자우편 banni@interpark.com
출판등록 2006년 12월 18일(제2014-000251호)

—

ISBN   979-11-91214-48-2 03180

—